JN028620

光・浄化

調和

（切り取ってお使いください。しおりにお使いいただけます）

光・浄化

調和

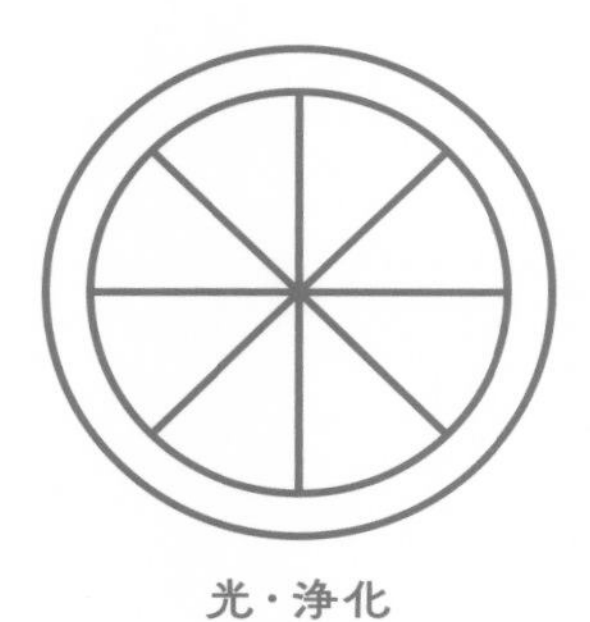

光・浄化

調和

（切り取ってお使いください）

※本マークの商業的な二次使用を禁止します。
また個人的な使用のみとし、他者に対する浄霊、除霊、宗教的行為等を禁止します。©KAMIHITO

じぶんでできる浄化の本

神人（かみひと）

徳間書店

はじめに

わたしはとても幸せ者です。非常に恵まれています。

このように生かしていただけていることに心から感謝申し上げます。わたしは大した人間ではありません。いい加減な生き方をしてきた者の一人に過ぎません。しかし、多くの方々より善意とお力添えをいただいたゆえ、今のわたしが存在します。ですから、幸せにしていただいた恩返しがしたいのです。

そこで「おのれのような者に何ができるのか？」何度も自問自答したところ、「できることしかできない」というのが答えでした。

では、「何ができるのか？」。それはおのれの経験を活かし、世のため人のために変えていくことでした。

大して取柄はございませんが、わたしにはたくさんの不思議な経験があります。

そして、それらの経験から得られた知識がございます。

「信じるか信じないか」は相手次第のようなお話ばかりですが、又聞きで話す内容でも受け売りでもなく、ひとつひとつ自身の体験談が背景となっています。

そのような内容で少しでも誰かのお役に立てるならば、自身の存在意義を深められると共に、心より光栄に存じます。


わたしは、１９６９年青森に生まれ、幼少期より時おり不思議な経験をしながら、１９９８年には完全に靈媒体質として覚醒しました。

見える聞こえる動く喋るなど……、数えきれないほどの不可思議な靈験を重ねながら、四半世紀という時が過ぎました。皆様にとっては荒唐無稽の信じがたい話でしょうが、昼夜問わず毎日24時間、異次元世界のあらゆる存在たちと語らいながら共に生きてきたという事実体験があります。

そして、世の中の何が真で何が嘘か？　禅問答のごとく日々考えさせられながら、

はじめに

異次元存在たちから膨大な数の真実を教えていただき、常識的に語られる衣食住医政教金すべてに対する価値観が一変したのです。

現在は、自称：シンガーソングライターであり、自称：異次元世界と現次元世界を繋ぐシャーマン（霊媒師）として細々と生きております。

わたしが真実と向き合ってきて言えますことは、この地球社会がいかに虚偽の上塗りで作られているかということと、地球人のほとんどが、真実を教えてもらえていないがゆえに苦しみ続けているということです。

長年、一部の悪しき者たちによって、あらゆる利権を支配するために真実が隠蔽され、指導者たちが迫害されたり、買収され隷属化されたり、地球人民は計画的かつ組織的に、衣食住医政教金すべてにおいて、巧みに虚偽を刷り込まれ、人民の心身の健康と財産は搾取され続けてきました。

人民は長年騙され続けてきた！　それが、地球の真の歴史です。

「名は体を表す」という言葉がございますが、わたしの本名は『健仁』と申します。親が〝健康であり、人を愛し人に愛される者となりますように〟という願いを込めて名付けました。

ですから、わたしの切なる願いは、地球人の真の幸せであり、皆が心身の健康を取り戻し、幸せに暮らせるようになることです。

そこで、わたしに何ができるのか？

自問自答し続ける日々を送って参りました。

そして、長年、講演活動を通じてお伝えしてきたテーマのひとつではありますが、直接お会いしてお伝えできない人たちが多い状況下、地球人すべてを対象とした「浄化の方法」についてを知っていただく必要があると確信するに至り、この度執筆いたしました。

本書が、苦しんでおられます一人でも多くの方々の、心身の健康を取り戻すための一助となりましたら、この上なく幸いに存じます。

この度出版するにあたり、善きご縁をお繋ぎいただきました指導靈団に感謝すると共に、お声掛けくださり編集からすべてにおいてお力添えいただいた豊島裕三子さん、素晴らしきイラストをたくさん描いてくださいました浅田恵理子さん、装丁にあたりました三瓶可南子さん、そして徳間書店関係者の皆々様、神人をご支援くださってきたたくさんの皆様お一人お一人に心よりお礼申し上げます。

本当にどうもありがとうございました。

出会いに感謝申し上げます。


みなみなうれしうれしたのしたのしかわるかわるありがたいありがたい。

神人　拝

じぶんでできる浄化の本　目次

第1章

「人」とはいったい何か？

第2章 浄化の方法① 五感を通して

第3章

浄化の方法②　自然を通して

第4章

浄化の方法③ チャクラ、色彩、瞑想など

第5章 浄霊浄化の方法　神示浄化など

第6章

地球の浄化

装丁　三瓶可南子
編集　豊島裕三子
イラスト　浅田恵理子

第1章

「人」とはいったい何か？

幸せになりましょう

みんなに幸せになってほしいのです。なぜなら、わたしは幸せだからです。

お陰様（かげさま）でたくさんの方々との出会いにより、ご指導、お力添えいただき、現在があります。

ですから、今度はご縁（えん）をいただいた方々にも幸せになってもらいたいのです。できれば世界中の人たちみんなに、幸せになってもらいたいと心から願っています。

しかし、ただ願うばかりではなく、おのれにできる限りのことをさせていただきたいのです。それは、わたしが知っている**「幸せになるための方法」**を共有していただくことです。

◆「幸せ」とは？

「幸せ」とは、いったい何でしょうか？　いろいろな価値観がございますが、人類に共通して一番に該当することは、「心身共に健康に生きられるということ」ではないでしょうか。

〔人類共通の一番の幸せ〕＝〔心身共に健康〕

「健康」とは、「心身共に喜びに満ちている状態である」ということです。

心も身体も喜びを感じながら、日々暮らせたなら素晴らしい人生と言えるでしょう。

〔健康〕＝心身が喜びに満ちている

健康の反対は、「不健康」＝「病」です。

「病」とは、「心身共に喜びが足りていない状態である」ということです。

ということは、何らかの喜びを与え続けてゆけば、足りる状態になるということにもなります。

では、心身が求めている喜びとはいったい何でしょうか？

そのためにはまず、「人」のメカニズムについて理解する必要があります。

「人」とは、いったいどのような仕組みになっているのか？　実は、最も必要なこの教育をわたしたちは受けていないということを申し上げておきます。

自分の正体である「人」とはいったい何か？という学びです。

地球という星は、住人が、自分が自分を知らず、人が人を知らないで生きている、といった非常に不可思議な世界なのです……。

人とは何か？

わたしが指導霊に教えていただいた、生きとし生けるものすべてに共通して言える「生命体の仕組み」とは、**「肉体」と「霊体」と「神体」が組み合わさって現次元世界を生きられている**ということです。

現次元生命体である肉体だけでは、生きられない仕組みとなっているのです。

※カラダのことをここからは便宜上、「肉体」とも表記させていただきます。

［肉体］＋［靈体］＋［神体］＝［生］

肉体とは、現次元生命体（現次元物質、ＤＮＡ、地球の素粒子、水、土、空気）
靈体とは、異次元生命体（異次元物質、意識体、感情体、心、氣、生命エネルギー）
神体とは、多重次元宇宙体（多重次元物質、宇宙エネルギー、宇宙、銀河、日月星、地球）

ということになり、**わたしたちの本質とは、実は、「靈体」＝「異次元生命体」**なのです。靈体である「おのれ」が、現次元世界で活動するために、現次元生命体である「肉体」を使わせていただいているということになります。

ですから、まずここで理解しなければならない一番重要なことは、**「肉体だけが自分ではない」**ということです。

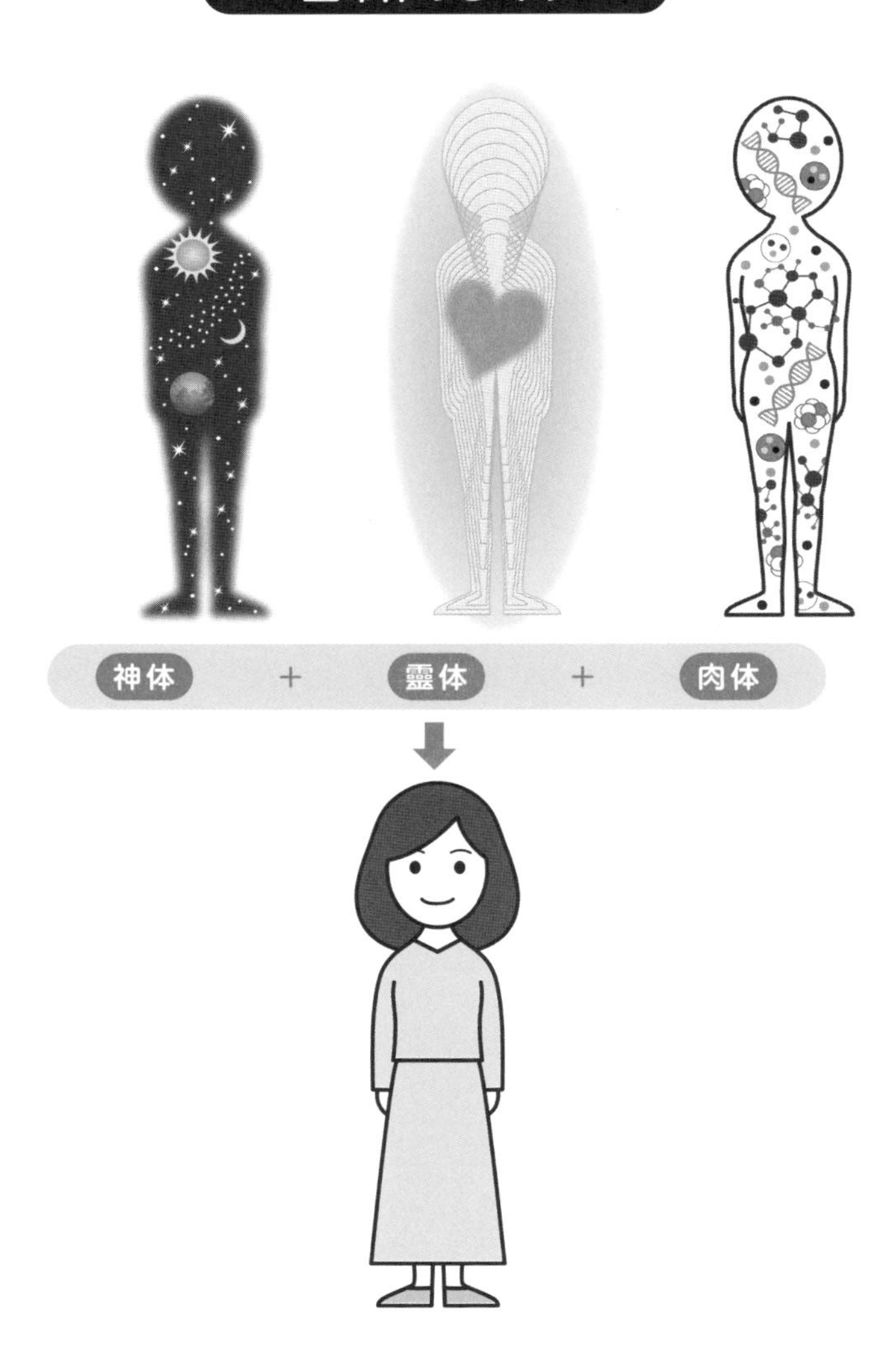
生命体のしくみ
神体
＋
霊体
＋
肉体

肉体だけが自分ではない

わかりやすく理解するためには、わたしたちに共通して言えることですが、誰一人として、肉体のことを理解してもいないし、肉体を作ってもいないし、肉体を生かしてもいないということです。

◇肉体を理解していない
◇肉体を作っていない
◇肉体を生かしていない

わたしたちは、肉体のメカニズムについてほとんど知りません。それは単に、教育を受けていないからです。

生涯（しょうがい）死ぬまで肉体と関わる以上、肉体についてまず理解を深めることが必須（ひっす）なはずなのですが、義務教育に入っていないのです。

大人であるならば、医療従事者同様に、肉体について十分理解していなければならないと思うのですが、教育を受けていないため、ほとんどの大人が自分の肉体について知らないのです。

最も重要な教育を受けられていないために、肉体が病んだら他力本願になってしまっています。もしも、みんなが肉体のことを理解していたならば、予防医学に基づいて、もっと健康維持できているのではないでしょうか？

また、わたしたちはみんな、髪の毛一本、まつ毛一本すら作ってはいません。細胞ひとつさえ誰も作っていないのに、自分のカラダであるという強い思い込みを抱いています。

さらには、呼吸、血流、発汗、体温調整、消化、栄養分解に至るまでの生命維持において、何ひとつとして自分の意思で行なっていないのです。

しかし不思議なことに、「肉体＝自分」だと当たり前のように誰もがみんな思い込んで生きています。まるで集団催眠にでも掛けられているかのように。

その原因はおそらく、誰もがみんな唯物論的な現代教育を刷り込まれたことによって、「肉体＝自分」であると思い込まされてしまったからではないでしょうか？

いわば、虚偽妄想の価値観を植え付けられ、空想の世界で生きている状態なのです。

地球人は妄想の世界を生きている

わたしたち地球人が教えてもらっていない最も大切な真相は、自分とは、靈体（異次元生命体）であり、肉体（現次元生命体）を、神体（地球）より貸していただきながら期間限定で使わせていただいているということであり、この認識をしっかりと持って生きられると、肉体に対する見方が変わり、さらには病になるメカニズムさえも理解できるようになるのです。

肉体との付き合い方

わたしたちは、肉体とどのように関わってゆけばいいのでしょうか?

肉体は地球から貸していただいている借り物
一番お世話になっている身近な他存在

「あなたの肉体は、地球から貸していただいている生命体であり借り物です。

ですから、決して粗末(そまつ)に扱ってはいけません。

傷つけてはいけません。

苦しませるようなことをしてはいけません。

日々大切にしなければなりません」

と、大人が子供に対して幼児期から教育してゆけば、間違いなく肉体に負荷(ふか)をかけるような選択はしなくなり、肉体を大切にし、健康を最優先する生き方をするようになるでしょう。

《健康を最優先する生き方》

◇肉体に感謝しながら付き合う

◇肉体が嫌がることは絶対しない

◇肉体の声を聞きながら生きる（＝肉体感覚を分析する）

わたしたちは、生きてゆく上で一番大切な教育を受けていないから、肉体を苦しめたり、傷つけたり、自死したりするようになってしまったのではないでしょうか？

シャーマンからみた病とは？

病は心身からのメッセージ

わたしは医学者でもなければ科学者でもありません。ですから難しい話はわかりませんが、シャーマン（霊媒師）としての実体験や異次元存在たちから教えていただいた内容を、皆様にお伝えすることはできます。

その中で「病」についてお話しさせていただきます。

「病は指導者であり、苦しみは心身からのメッセージである」。だから、「**選択の仕方（生活習慣や思い込み等）を変えなさい**」と伝えるために、わかるように顕れてきたのです。

病という指導者が現れたら、素直に謝罪し、改善することが大切です。

〔病〕＝〔指導者〕

〔苦〕＝〔メッセージ〕↓〔改善〕

病には、「ココロの病」と「カラダの病」があります。

「病は氣から」と昔から言われますが、病氣とは「氣が病むこと」であり、氣とはココロの顕れであり、靈体エネルギーです。

〔氣〕＝〔ココロの顕れ〕＝〔靈体エネルギー〕

〔ココロの病〕＝〔病氣〕＝〔靈体の病〕

ココロである靈体が病み続けると、カラダに異変が顕れます。

わたしはそれを「病態（びょうたい）」と呼んでいます。

〔カラダの病〕＝〔病態〕

「病氣」のうちはまだ治りやすいのですが、「病態」になると、治すのに時間がかかります。「病態」とは、「しすぎる」行為で心身を酷使（こくし）しすぎた結果として、身体の弱い部分から症状が顕（あらわ）れてきた状態です。

そして、原因を改善せず、そのままさらに放置すると「重病」になります。

〔病氣〕↓〔病態〕↓〔重病〕

「人間の寿命（じゅみょう）というものは、実は生まれる前からほぼ決まっており、変えることができない宿命（しゅくめい）（命の期限）である」と指導靈（しどうれい）より教えられました。

重病となり、結果的に死ぬのであるならば、それは宿命と考え、受け入れるしかありませんが、もし苦しみながら何十年も生き続けることになるとしたら、早く原因を知り、改善したほうが良いということになります。

そうであるならば、「病態」になる前、「病氣」の段階で改善すればいいのです。

〔病態〕になる前の〔病氣〕の段階で改善する

後天的な病においては、自分の考え方や生き方が要因となっている場合、「改善する方法が必ずある」ということも教えられました。

そして、見つけられるかどうかであり、改善策が見つかったならば、改善するように自身が努めるかどうかなのです。

「病が改善するか、しないか」の違いは、改善策を本気で見つけようとするかどうか。

改善策が見つかったことで、奇跡的な経験をする人は世の中にはたくさんいます。

また、誰もがいずれ寿命で死ぬということが決まっているならば、なるべく苦しまないような死に方ができるように運命（選択の連続性に伴う因果）を選択し、可能な限り意識を「感謝と喜び」に向け、「穏やかな死」を迎えることが理想的であると言えます。

簡単にわかる心身の健康状態の見極め方

・目覚めたい時間に起きられたかどうか？

・目覚めてから、気持ちよく全身で背伸びができたかどうか？

・光を浴び（あ）びて、笑顔で一日を始められたかどうか？

日々寝起きする時間がおおよそ決ま

っており、睡眠時間が十分摂れ、疲労感がなければ、体内時計が正常に働き、起きたい時間に自然と目覚められるようになるものです。そして、カラダに不調がなければ、全身で気持ちよく伸びをすることができます。

また、布団から出て光を浴び、完全に目が覚めた時、一日の始まりを楽しみに感じて笑顔であるならば、さほどココロにストレスがない状態です。

以上の３点が揃っているという人は、心身共に健康であり、幸せであると、おおよその判断ができるのではないでしょうか。

体内時計・全身の伸び・笑顔

もし、いずれかが得られていない場合、改善しなければならない課題が与えられていると受け止め、早急に改善に努めなければなりません。

問題点を放置し続ければ、悪化してゆくことになります。

病になる仕組みとは？

病とは、心身のバランスが崩れている状態（不調和）です。

〔病〕→霊体と肉体の不調和

病になるには、必ず原因があります。

病とは「過去の結果を見ている状態」なのです。

宇宙の事象(じしょう)はすべて「因果(いんが)の法則」であり、「原因」があり「結果」があります。

結果を見て、何が原因であるのか？

それが「現在のあなたに与えられた課題」ということになります。

〔結果〕⇕〔原因〕？


どのような心身の不調にも、苦しみをもたらしている悪しき要因が必ずあります。

それを特定しなければ、問題解決することはできません。

ですから、まずは**自分で思い当たることをひとつひとつ探り、改善してみましょう。**

〔悪しき要因〕＝〔病の元〕

病氣を生むメカニズム

人はどうやって病気となるのでしょうか？

病魔（びょうま）という表現がありますが、病魔の「魔（ま）」とは「負（ふ）のエネルギー」のことです。

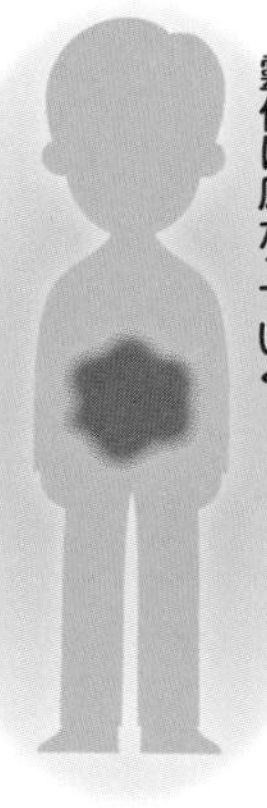

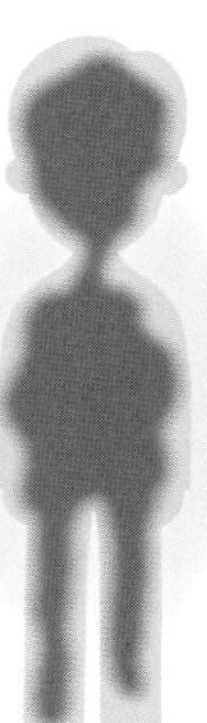

病魔→「魔」＝負のエネルギー

「魔が差す」という言葉もありますが、魔が差す原因は自分にあります。

「魔が差す」と正しい判断ができなくなり、「〇〇〇をし過ぎる」ようになり「不調和」を引き寄せます。

「〇〇〇をし過ぎる」と心身に苦痛を与え続け、それが病となるメカニズムです。

「〇〇〇をし過ぎる」→〔苦〕＝〔病〕

では、「負のエネルギー」とは何でしょうか？

それは負の念、氣を指します。

病氣は、負のエネルギーが靈体に充満(じゅうまん)することから始まります。

靈体は負のエネルギーにさらされ続けると、自分の持つ靈体エネルギーがどんどん弱まっていきます。

自分の靈体、氣のエネルギーが弱まった結果、肉体に良きエネルギーを流すことができなくなり、自己治癒力(じこちゆりょく)が低下し、肉体が病んでいきます。

生きる喜びを心から感じられない状態は、すでに病氣であり、負のエネルギーを、内から外から受け続け、靈体が萎縮(いしゅく)してしまい、病んでいる状態なのです。

［病氣］＝靈体が病んでいる状態

本来、靈体は楕円形(だえんけい)の綺麗(きれい)なエネルギーを発しています。これはオーラとも呼ばれていますが、自分の過去の生き方を反映し、発せられているエネルギーでもあります。

ですから、オーラは人によって、大きい人、小さい人、強い人、弱い人、きれいな

**靈体が発するエネルギー（オーラ）は
人によってさまざま。**

色の人、暗い色の人、全部質が異なります。

そのなかでも病んでいる人は、やはり靈体エネルギーが弱く、萎縮（いしゅく）しており、色もくすんでいます。

もっと病んで、肉体のどこかが痛いとか苦しいといった症状が出てくると、このオーラの楕円形が崩（くず）れてきます。

そのような靈体エネルギーの形が崩れた状態の人は、肉体の細胞、機能など、あらゆるところに症状が顕れます。

いちばん影響を受けるのは血液と腸内細菌（さいきん）で、血液はドロドロになり、腸内細菌が死に始め、その結果、体内の免疫細胞が健全に働かなくなり、免疫機能が低下し始めます。

免疫機能が低下すると、ＤＮＡの弱いところや、その人の癖や思い込みによって負荷がかけられた場所（胃の悪い人は胃、腰が悪い人は腰）から病んでいきます。

これが病になるメカニズムです。

外傷から始まる病もありますが、病気に関しては、**靈体から病んでいき、最後は肉体まで病が顕れてくるのです。**

〔病氣〕→〔病態〕＝肉体が病んでいる状態

本来私たちのカラダは、自分できちんとバランスをとって病を改善していくような、自己治癒力を持っています。ですから、大切なことは、おのれは靈体として「肉体の邪魔をしない生き方」を選択することなのです。

一生懸命にカラダが良くなろうとしているのに、負のエネルギーを与え続けていれば、良くなるものもそうはなりません。

まずは、病のメカニズムを理解し、負のエネルギーを溜め込まない生活を送るようにしましょう。

先天性の病と後天性の病

「霊体が弱まっていくことで病になる」というメカニズムはおわかりいただけたと思います。そこで、次に、病を「先天性の病」と「後天性の病」に分け、その「病が起こる原因は何か？」についてお話ししていきましょう。

◆先天性の病の原因とは？

先天性の病とは、ＤＮＡが壊れたり、誤作動を起こしている状態です。
主な原因は有害物質です。
有害物質は人間が作りだしたものであり、長年にわたりＤＮＡに異常を与えてきました。

体内に取り込まれた有害物質は蓄積し続け、女性から子どもへと悪連鎖し、ＤＮＡは破壊され続け、ＤＮＡに異常がある人が増えてきたのです。

◆後天性の病の原因について

後天性の病もまた突き詰めていくと、その原因のひとつが、身近にある有害物質です。もうひとつの原因は、悪習慣です。

間違った知識によって自分を病にしています。

間違った知識でずっと生きてゆくと習慣化し癖となり、それが負のエネルギーを送り込む元となり、靈体エネルギーを弱め、肉体に問題を起こします。

つまり、その人の癖や思い込みによって「**負荷がかけられたところから病む**」という仕組みです。

後天性の病の原因は、他にも靈的因果によるものや運命的なものもありますが、ほとんどの場合は、靈体エネルギーが負のエネルギーを受け続けることによって弱くなり、免疫力が低下し病になっています。

ならば、**負のエネルギーを受けなければ、病にはならないわけです。**

もしくは、負のエネルギーを受け続けても、それを早く浄化したり、**プラスとなる正のエネルギーを入れ続ければ、病にはなりにくくなります。**

ただし、いくら正のエネルギーを入れても、負のエネルギーを受け続けていては堂々巡りとなります。

苦痛を取り除くために浄靈浄化（じょうれいじょうか）して靈体から負のエネルギーを取り除（のぞ）いても、つねに苦痛の根源（こんげん）となる負のエネルギーを受け続ける生活を送る選択をしていれば、全（まった）く意味がないのです。

負のエネルギーを払拭（ふっしょく）する
正のエネルギーを注入する

まずは負のエネルギーを取り除き、負のエネルギーを受けない生活をしましょう。

そうすれば、肉体が本来持っている自己治癒力によって健康になってゆきます。

ところが、ほとんどの人が自分の意識で、自己治癒力の邪魔（じゃま）をしているのが現状です。大切なのは、**肉体の免疫力の邪魔をしない生き方をすることです。**


ここまで「負のエネルギーはどこから生まれるのか」と「病気になるメカニズム」についてお話ししてきましたが、おわかりいただけましたでしょうか。

そのメカニズムがわからなければ、本当の健康を取り戻すことはできません。

対症療法だけでは、本当の健康を取り戻せない

病と向き合うために

・原因を理解すること。
物事には必ず原因があり、結果があります。
まずは原因を追究（ついきゅう）することが大切です。

病の原因を知り、改善し、結果を変えていく

・原因を放置しないこと。
苦しい状態のままにしておくことが、病を悪化させます。

苦しみの要因となるものを払拭すること

問題解決するためには、苦しみの要因となっている生活習慣や癖（くせ）を変えることが非常に重要です。

病とは「負のエネルギー」に包まれた状態です。

では「負のエネルギー」とはいったい何でしょうか？

病をつくる「負のエネルギー」の正体についてみていきましょう。

「負のエネルギー（念、氣）は、「内的なもの」と「外的なもの」の二つに分けられます。

◆「内的なもの」

自分自身が生み出す負のエネルギーとしては、「思い込み」「囚（とら）われ」「執着（しゅうちゃく）」「癖」などがあります。

自分では間違っているとは思わずに習慣化してしまい、癖となっており、次第に苦しみとして顕在化してくるものです。

生活習慣病と呼ばれている病は、霊的な部分でも同じく生活習慣的な霊症と言えます。

それは、誰かにマインドコントロールや洗脳されやすかったり、負の念を抱きやすいなど、いずれも変な思い込み癖があると自覚できない限りは、堂々巡りとなります。

いわば、被害妄想や虚言癖など自己暗示による負の連鎖です。

そういった方は、霊的な悪影響も受け

やすくなります。

◆「外から受け取るもの」

外部の存在から受ける負のエネルギーとしては、悪しき靈存在からの影響となる、悪魔、悪靈、生靈、邪念です。

これは大きく「生靈」と「死靈」の二つに分けられます。

「生靈」は生きている存在からの負の念であり、人間だけではなく、動物も負の念を放ちます。動物であっても、犬や猫、牛馬豚を虐待したりすれば、怨念として負の念（祟り）が憑依してきます。

そして、人間の念は、やはり特に強い靈力を持っています。

念の強い人と弱い人とがいますが、念の強い人は怒りや嫉妬の念も非常に強く、時空を超え憑依し悪影響をもたらします。

人の念は「念波」とも言いますが、電波と同じく、距離や場所、時間に関係なく飛んできます。

ですから、近い存在（家族、職場、学校、友人知人、近所付き合い）であればあるほどに、誰かと揉め、不和になった、ねたまれる、うらまれるということがあると、より強く影響を受けることとなります。

「死霊」の場合も、生霊と同じく、多くは悪魔、悪霊、邪霊として現れ、肉体人に悪影響を与えます。霊が人に取り憑くことを「憑依」と言いますが、不快感や苦痛、場合によっては「カラダの乗っ取り」などといった霊症が顕れます。

悪霊は、生霊であれ死霊であれ、いずれも喜びが少なく、負の感情（ねたみ、ひがみ、いかり、うらみ、つらみ）＝負のエネルギーが非常に強いものです。

死霊は、（生きていたときから）ネガティブな人が死んだ場合、やはりネガティブな靈人(れいじん)になります。

ネガティブな靈人に取り憑かれると、マイナス思考や負の感情がひんぱんに流れてくるようになり、病氣や病態の要因となります。

「靈とはエネルギー体である」ことはすでにお話ししました。

負の念や氣、エネルギーを出す靈は、ネガティブ思考に取り憑(つ)かれている靈体エネルギーです。こうした負のエネルギーを受けないための一番簡単な方法は、**負のエネルギーを出す靈とは関わらないことです。**

ほとんどの人の苦しみは人間関係であり、**人間関係とは、つまり生きている人＝生靈との関係です。**

靈はすべてエネルギー体ですから、生きている人も含めすべての靈は、エネルギーを放っています。ということは、ネガティブなエネルギーを放つ靈からは、距離をとれば、負の念、氣、エネルギーを受けにくくなるということになります。

ネガティブな人とは距離を保つ

《病についての霊人からの教え》

わたしが以前に、ある医学博士（故人）の霊人から教えていただいたことがございます。

とてもわかりやすい教えでしたので、ぜひ共有させていただきたいと思います。

Q．病にならないためには、どうすればよろしいでしょうか？

A．余計なものを肉体に入れないことです。

※余計なものとは、無害なもの（自然のもの）ではなく、有害なもの（人工のもの）を飲んだり食べたり塗ったりしない、注射もしないということです。

有害なものを肉体に入れない

Q. 病を改善するためには、どうすればいいでしょうか?
A. 余計なことをしないことです。
※余計なこととは、肉体を癒(いや)すのは肉体自身ですから、おのれは「自己治癒力の妨(さまた)げになる行為をしない」ということであり、ゆっくり寝て自己治癒力を高めるということです。

健康を取り戻すのは肉体自身=自己治癒力

Q. 本来の健康を取り戻すためには、どうしたらいいでしょうか?
A. 人が入っていない奥山の黒土を少々食せばいいです。
※現代日本人は、消毒薬(しょうどくやく)や添加物(てんかぶつ)、抗生物質(こうせいぶっしつ)等で、腸内細菌の種類が激減(げきげん)してしま

っているようです。

そのため、腸内細菌を取り戻す必要性があることから、たくさんの種類の細菌やバクテリアが含まれている黒土を食すということです。実際には水に溶いて飲むということのようです。

土を食べるという食文化は、腸内細菌を整えるための方法として、古来より世界中に伝承されているようです。

また、血液や栄養は腸で作られるとのことですので、健全な血液を作り続けるためにも、本来は、いろいろな腸内細菌が必要不可欠ということになります。

腸内環境を整える

社会の病も同じ原理

人と社会はフラクタル（※一部が全体と自己相似（そうじ）な構造を持つ）であり、「人の病」と「社会の病」もフラクタルであるとわたしは考えます。

ということは、人の病のメカニズムを理解すれば、社会の病を治すことができるということにもなります。

〔人の病〕＝〔社会の病〕

不和（ふわ）、自殺（じさつ）、飢餓（きが）、犯罪（はんざい）、破壊（はかい）、汚染（おせん）、戦争……等が起きている世界とは、人間社会というカラダが病んでいる状態、いわば社会が病態であり、現在は重体であると見ることができます。

その原因は人の病と同じく、思い込み、囚（とら）われ、癖（くせ）、邪念（じゃねん）、悪しき靈の影響による憑依(ひょうい)……等が考えられます。社会の思い込みや囚われとは、歴史観、宗教、政治思想、イデオロギー、教育など……、**国際的な思考の偏(かたよ)りにあります**。

また、世界支配を目論(もくろ)む一部の超エリート層による傲慢(ごうまん)さが根源であると考えます。

「人への浄化の仕方」も「社会への浄化の仕方」も実は原理は同じなのです。

より良き社会を育むためにも、「急がば回れ」という言葉がありますように、まずはみんなで「病との向き合い方」を理解しましょう。

第2章

浄化の方法①
五感を通して

浄靈浄化

◆浄靈浄化とは？

・ココロとカラダに喜びとなるものを与え続けること。
癒（いや）しとなるエネルギーを与えることです。

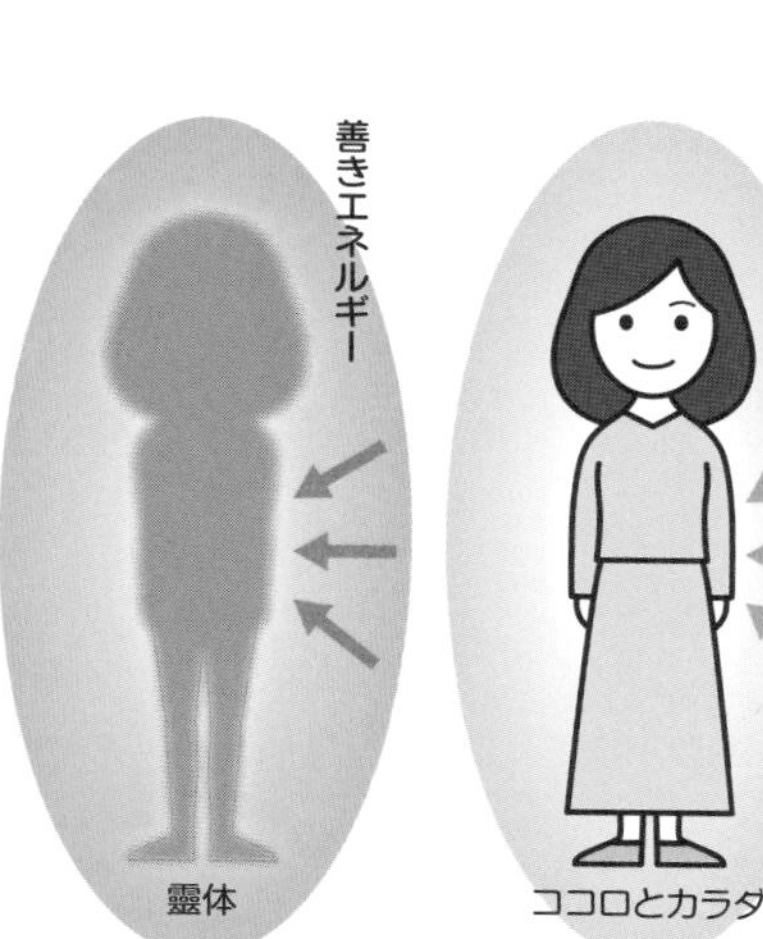

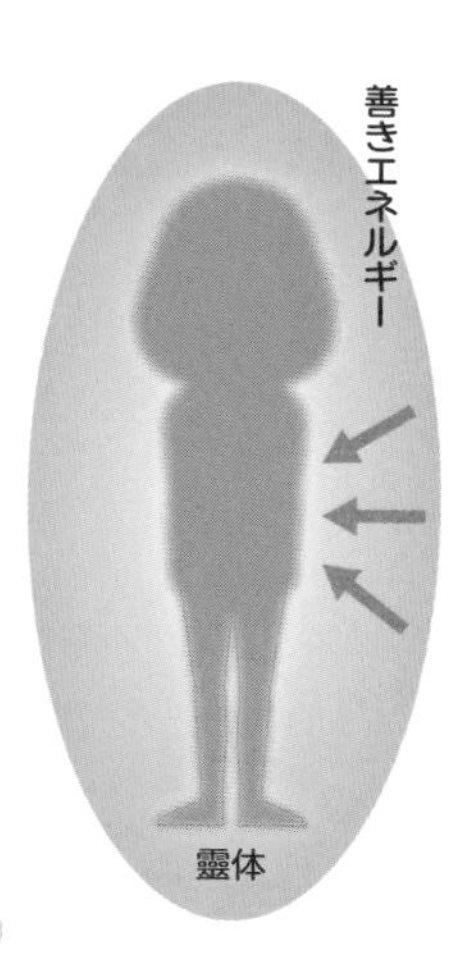

浄靈の意味とは？

靈を浄（きよ）めること。
靈とは靈体であり、発する氣であり、思考体＋感情体です。
浄めるとは？

・霊体に善きエネルギー（心地よい状態）を与え続けることが、浄めとなります。
−マイナスの状態（マイナスエネルギー）から、＋−0の状態、＋プラスの状態（プラスエネルギー）へとなるまで、ココロが喜ぶことやカラダが喜ぶことを意図的に与え続けます。

［−マイナスの状態］↓［＋−0の状態］↓［＋プラスの状態］

霊は存在するのか？

ほとんどの地球人は、異次元（霊界や霊存在）についての教育を受けていません。
それはひとえに現代科学が現次元界を中心とした考え方を優先し、異次元界についての研究や指導を後回しにしてきたからです。

現在では、宇宙は多重次元構造であることは認知されており、異次元界の研究もなされていますが、まだまだ地球では、異次元世界について科学的解明が追い付いていません。

わたしはシャーマン（靈媒師）として異次元世界の存在たちと交流してきており、日夜、意思疎通しておりますので、異次元存在の確認がなされている前提で生きております。

「異次元世界には異次元存在がいるのだろうか？」という疑問は、世界には「日本以外に人は存在しているのか？」ということに等しく、海外にも人が存在しているということを認識できている人の数が増えれば、社会的認識ということになるのでしょう。

いずれは、異次元世界も異次元存在、他星人についても、これから社会的に認識されてゆく時代になると思っています。

ではまず、わたしたち「人」はどうやって生きているのか？

生まれる前と死んだ後はどうなっているのか？

という教育を受けなければ、いつまで経っても「人の生死のメカニズム」が理解できないままとなります。

それは、「自分が何者であり、どこから来てどこへ向かうのか？」がわからないままに生きるということに等しいのです。

それは、本当に大切な教育を地球人は受けられていないということなのです。

本当に大切な教育を地球人は受けられていない

靈症について

靈症とは？

悪しき靈存在（人靈や動物靈、生靈等）に憑依された場合に見られる状態。

一般的な「心身の病」とは言えないような症例がいろいろとあります。

◆強い眠気

おのれの靈体に関与する靈が離れようとしない場合、異常な眠気(ねむけ)になることが多いです。

憑依されたときは、重くなるような感覚の強い眠気に見舞われ、憑依していたものが離れてゆくときは、軽くなるような感覚の眠気に見舞われます。

◆強い悪寒

負の念（威嚇(いかく)、悲しみ、苦しみ、嫉妬心(しっとしん)、恨(うら)み）の強い靈、生靈に憑依されたとき、首後ろから背中にかけて悪寒を感じます（※体温を測っても平熱であったりします）。

◆金縛り

カラダには鳥肌が立ち、何者かに首を絞められたりカラダの上に乗られていたり、足を掴まれていたりするような感覚と共に、カラダが全く動かせなくなり声も発することもできなくなります。

※声を出せませんが、念じることはできますので、心の中で「ここから出て行け！」と強く念ずることです。

※同様の症状で、ストレス過多の状態で寝ている際、夢の中で全身に力が入って固まってしまい、眠りが浅くなり、目が覚めたときに、カラダを動かせないという場合もありますが、それは霊症による金縛りではありません。

◆原因不明のカラダの痛み

背中を鋭利なモノで刺されているような激痛であったり、肩などを鷲掴みされているような痛み、強い頭痛や激しい下痢など……。

靈からの訴えや威嚇、生靈の負の念、人の呪いであったりします。

靈的デトックスとして顕れることもあります。

◆倦怠感や不快感

気力がなくなり、引き籠ってしまったり、鬱状態になります。

◆異常な性的欲求

色情靈に憑依されたり、生靈の強い念により、性行為を要求されている状態が多く、異常なほど性的欲求が掻き立てられ股間が悶々としたり、卑猥な映像や声を頭の中に見聞きさせられたりします。

◆**異常な食欲**

食べ物や飲み物に執着（しゅうちゃく）の強い餓鬼靈（がきれい）（飲食物への執着の強い靈・餓死者の靈）に憑依されたときに見られる靈症ですが、食べても食べても満たされず、異常なまでの抑（おさ）えられない食欲に見舞われます。

飲酒も餓鬼靈と同じく、酒に執着の強い未浄化（みじょうか）靈（れい）に憑依されると、異常なほどに飲酒を求めるようになります。

◆**激しい怒りや悲しみ、喪失感（そうしつかん）や疎外感（そがいかん）**

なぜか急にネガティブな感情に囚（とら）われ、情緒不安定な状態になります。

それは憑依する靈の気質が人のカラダに顕（あらわ）れ、

自分では抑えきれなくなっている状態です。

◆感情のコントロールができない

脳内に顕れてくるネガティブな思考や、激しい喜怒哀楽の変動を自分だと思い込まされてしまうと、自分は情緒不安定な人間であると誤認したり、狂ったと思い込まされてしまいます。

◆異常な言動や行動

自己制御できていない状態。暴言や卑猥な言葉を発する。

奇声を発する。急に大声を出す。急に暴れたり、モノを投げつけたり暴力をふるったりする。

動物霊（犬猫狐狸蛇）に憑依されている場合は、獣のような動き方であったり、幼稚な言

葉遣いになったり、わがままな言動が見られます。

◆顔つきや話し方が豹変する

明らかに本人ではない表情や口調となります。女性が男性のような、大人が子供のような、子供が老人のような口調や表情に豹変したりします。

◆不眠症

寝ている時間帯は靈意識が高くなっていますので、憑依されていると、靈症も強く感じられやすくなり、結果的に幻聴 幻覚に邪魔され、不快感が募り、眠れなくなります。

不眠が続くと慢性的に疲労を感じ、通常の社会生活が送れなくなります（不登校、休職、引きこもり等……）。

◆自死

自殺者の靈に憑依された場合、「死ねば楽になれる」「生きている意味がない」「こっちに来い」など、自殺に誘導するような囁きが、頭に聞こえてくるようになります。
※おのれが未来に対する希望を見出せないと、引き込まれることになります。

以上のような靈症は、心療内科（精神医学）の診断では、憑依妄想と呼び、人間の主体性が失われて起こる統合失調症の一種とされています。

統合失調症、多重人格障害、双極性障害、解離性同一障害、巫病、ノイローゼ、鬱病、気分障害……などの「精神疾患」と診断されます。

そして、カウンセリングや薬剤投与が行われてゆきます。

心療内科では、靈症＝精神疾患↓カウンセリング＆薬剤投与

靈的体質

◆靈的体質とは？

わたしたち人はみんな、現次元生命体である「肉体」を使うことを許されている異次元生命体である「靈人」です。

靈人ですから、**靈人としての感覚＝靈的感覚＝靈感**というものを必ず持っております。

ですから、靈感がないという人は存在しません。

靈感が強いか、弱いか、の差異(さい)があるだけなのです。

靈感が強くなってきますと、靈的な影響を受けやすくなってきます。

現在、地球人全体の靈的感覚が急速に高まってきていますので、おのずと靈的体質者も増えています。ですから靈的体質の特性を理解し、靈的対応の仕方を学び、個々に実践できるようになる必要性があるのです。

◆靈感体質

感応しやすい。靈的な感覚が強くなってくると、エネルギーに対して非常に敏感になります。動物的な感覚でもあります（動物はエネルギーに敏感です）。「気持ち良いエネルギー」と「気持ち悪いエネルギー」、強弱もわかるようになります。

触れるモノや会う人、行く場所によって、急に気分が悪くなったり、違和感を覚えたりする体質です。

負のエネルギーを
吸い続ける体質

対象から離れて
吸収した負のエネルギーを
浄靈浄化する

対策としては、強いエネルギーのモノや人、その場所から遠ざかると、元の状態へと戻ります。

◆吸収体質

吸収しやすい。靈感体質と同様、エネルギーに対して非常に敏感に感応し、すぐ影響を受けます。

そして、触れるモノや会う人、行く場所から、吸水パッドのようにネガティブなエネルギーを吸い続けるという体質です。

対策としては、靈感体質とは異なり、対象から離れるだけではなく、吸収した負のエネルギーを浄靈（じょうれい）浄化する必要があります。

◆憑依体質

靈に取り憑（つ）かれやすい。強い眠気や倦怠（けんたい）感、心身の不調が多くなります。

対策としては、浄靈浄化、導靈浄化、除靈浄化のいずれかが必要となります。

◆靈媒体質

靈の媒体になりやすい。肉体が乗っ取られたように靈動（自分の意思とは関係なく肉体が動く）が顕れます。感情の起伏が激しくなる。別人格が現れる。表情が変わるなどです。

悪しき靈であればマイナス思考（怒り、嫉妬、執着、疑念、悲壮感、無気力、被害妄想、恐怖心……）が多くなり、暴力的になります。

対策としては、浄靈浄化、導靈浄化、除靈浄化のいずれかが必要不可欠となります。

霊的対応

Q．霊的対応とは？

A．「浄霊」「導霊」「除霊」の3つとなります。

◆浄霊

霊を浄めること。霊体に善（よ）きエネルギーを与え続けること。

◆導霊

霊を導くこと。霊人に対してカウンセリングすること（186ページ参照）。

◆除霊

霊を駆除（くじょ）すること。霊存在（人霊、動物霊、悪霊）を強制排除（はいじょ）すること（192ページ参照）。

霊界における守護霊団に110番し、連れて行っていただくこと。

浄霊は誰にでもできるのか？

Q．浄霊は誰にでもできますか？

A．浄霊浄化の方程式を理解すれば、誰にでもできるようになります。

浄霊が必要な人とは？

Q．浄霊浄化が必要な人はどんな人ですか？

A．霊に憑依され苦しんでいる人ばかりではありません。実は、すべての人が対象となります。病にならないために（予防医学）、健康であるために、どうすれば良いのか？　ということに等しい考え方となります。

浄靈の仕方とは？

ここからは、どのような浄靈浄化の仕方があるのかをご紹介したいと思います。

以下の浄靈浄化の仕方は、わたし自身が靈媒体質と向き合いながら、長年の間、実際にひとつひとつ試してきたものであり、それぞれ相応の効果が得られたものばかりです。

皆様にも状況に合わせて、実際にひとつひとつ試していただきたいと思います。

靈的体質も十人十色ではありますが、まずいろいろな方法があることを知っていただき、それぞれに見合った浄靈浄化の仕方が必ず見つかると思います。
※いずれの方法も、**喜びを感じながら感謝の念に繋がり、行い続けること**で、浄靈浄化の作用が顕れてきます。
自身の靈体に、質の良い喜びのエネルギーを与えましょう。

五感浄化

五感浄化とは？

肉体の五感（視覚、聴覚、嗅覚、味覚、触覚）を通じて喜びを得ることです。

・肉体が喜ぶことを選ぶこと。

・肉体の部位それぞれに、心地良さを与え続けること。

・肉体に声を掛け、感謝する。

視覚浄化

◆視覚浄化とは？

◇目を喜ばせること。

◇目が気持ちいい状態やものを選ぶこと。

きれいな景色（自然）、きれいなもの、可愛いもの、愛しいもの、愛しい人の写真や動画、美味しそうなもの、好きな色、心地良い照明、など……を見ること。

目からはたくさんの情報が入ってきます。それぞれがエネルギー体（周波数）であり、知らず知らずのうちに何らかの影響を受けています。

良いエネルギーのものを見るように意識するだけでも、良き方向へと変化してゆきます。

喜びを感じながら感謝に変えて「見る」ことです。

聴覚浄化

◆聴覚浄化とは？

◇耳を喜ばせること。

◇自分が気持ちいいと思える音を聴くこと（好きな音楽、好きな人の声など）。

◇自然の音に浸ること（鳥や虫の音、水のせせらぎ、雨音、木々の音）。

音は、物理的に言えば**空間を振動する波動＝周波数＝エネルギー**です。

人の耳に聞こえる音と聞こえない音がありますが、いずれも靈体に何らかの影響を与えています。

自然界には、周波数的に耳障(みみざわ)りな音というのは、ほとんどないのではないでしょうか。一方、人工的なもの（乗り物、電化製品、工事等）には、耳障りな音が多いように思います。

わたしは、長い間、無音の中で暮らすことに憧(あこが)れてきました。無音の空間は本当に気持ちがよく、集中力が増し、霊意識も研(と)ぎ澄(す)まされてゆきます。

できれば「無音」、または「心地良い音」の空間にいる時間を増やしたいものです。

> 喜びを感じながら感謝に変えて「聴く」ことです。

嗅覚浄化

◆嗅覚(きゅうかく)浄化とは？

◇鼻を喜ばせること。

◇良い匂い、香りを嗅ぐこと。

匂いの好みは十人十色ですが、おおよそ自然界の草木や花の香りを好む人が多いと思われます。

また人工的ではありますが、無添加で無害のお香やアロマなどもお勧めです。

匂いは、脳への影響が早く、瞬時にして感情が切り替わります。

良い匂いは気持ちよくなり、悪い匂いは気持ち悪くなります。

自分が好きな匂いを理解しておき、状況に応じて嗅ぐことがいいでしょう。

身に着ける。部屋に撒く、置く。風呂

に入れる。

善き靈は良い香りを好み、悪しき靈は悪臭を好むものです。

また、それぞれの靈と感応（かんのう）する場合、善き靈は良き香りでもてなし、悪しき靈は悪臭で威圧（いあつ）してきます。**匂いの質で靈質を判断することもできます。**

良き匂いは、悪しき靈からすれば不快な匂い＝エネルギー（周波数）に感じるため、悪靈除（よ）けにもなります。

できれば「無臭」、または「心地良い香り」の空間にいる時間を増やしたいものです。

喜びを感じながら感謝に変えて「嗅ぐ」ことです。

味覚浄化

◆味覚（みかく）浄化とは？

◇舌と歯、口内を喜ばせること。

◇自分が食べたいと思うものを食べること。
◇美味しいものをゆっくり食べること。
◇飲食することを喜びながら、よく味わうこと。

ただ飲食するのではなく、「あ〜、美味しいな〜」と思いながら、または言いながら、ゆっくり味わうことで喜びが増します。

靈体的には歓喜（喜びエネルギー）をいただいていることとなり、ゆっくり喜びに浸ることで、靈体にもどんどん善きエネルギーをプラスしている状態となります。

飲食することに集中しながら、ゆっくりよく味わう。喜びを言葉に変える。

そうすると、**浄化がどんどん倍増していきます。**

ゆっくりよく噛(か)んで食べることは、消化しやすくなり、カラダにも優しいのです。

霊性相応のエネルギー（周波数）を食したいと思うものです。

どのようなエネルギーの食べ物を好むものなのか？　ということが、どのような霊性のものであるのかということがわかります。

> 喜びを感じながら感謝に変えて「飲食する」ことです。

触覚浄化

◆触覚(しょっかく)浄化とは？

◇肉体の肌を喜ばせること。

◇肉体をマッサージすること。

◇気持ちいい、肌触りのいいものを着ること。

◇愛する人との肌の触れ合い（優しいセックス、スキンシップ）。

◇愛しい動物や植物との触れ合い（スキンシップ）。

◇肉体を温める（※低体温ほど病になりやすくなります）。

肉体を覆っているのは皮膚であり、触覚とは常時、温度や湿度を感じています。

触れるものが、気持ちいいのか気持ち悪いのかで、自分に必要か不必要かを瞬時に選択してくれます。ですから、**「気持ちいいものを選べば良い」が答えとなります。**

気持ち悪いものに触れ続けていれば、ストレスとなり、病の元となります。

肌触りの良い衣類、寝具、温度、湿度、空気を選びましょう。

愛する人や動物、植物との触れ合いは、愛おしい思いを直接感じやすく、脳内麻薬（エンドルフィン、セロトニン、オキシトシンなど）を分泌し、幸福感を高めます。


喜びを感じながら感謝に変えて「触れる」ことです。

睡眠浄化

◆睡眠浄化とは？

◇快眠すること。

そのためには、

◇快眠できる状況を整えましょう。

◇寝室、寝具、睡眠時間を考慮（こうりょ）しましょう。

◇早寝早起きを心掛けましょう。

◇夜は寝ましょう（22：00～6：00の時間帯で睡眠時間は各相応に）。

◇寝る1～2時間前には、お風呂に入りましょう。

◇眠る前に深呼吸しながら、軽いストレッチをしましょう。

◇頭を空っぽ状態にしましょう。余計なことを考えないようにしましょう。

◇ストレスを溜めない過ごし方をしましょう。

◇睡眠ホルモン「メラトニン」を整えましょう。

体内時計を調節し、睡眠へ誘導（ゆうどう）する働きがあります。

◇メラトニンの合成を抑制させる光を見ないこと＝灯りをおとす（暗闇（くらやみ））。

眠気とは、生理的欲求です。基本的には睡眠を摂（と）ることをお勧めします。

肉体的には、睡眠不足であったり、疲労が蓄積（ちくせき）していたり、脳に酸素が滞（とどこ）っている状態が考えられます。

また、靈体的には、靈に憑依された場合に重くなるような感覚の極度の眠気が顕れ、靈が浄靈された場合には、軽くなるような感覚の眠気が顕れます。肉体的にも靈体的にも眠気に対しては、無理せず目を閉じて肉体を休ませることが大切です。

眠気がなくなって爽快感を得られれば、解消されたということになります。

喜びを感じながら感謝に変えて「眠る」ことです。

運動浄化

◆運動浄化とは？

◇肉体が気持ちぃいと感じる範囲内で、適度に動かすこと。

肉体は動かすことを喜びます。動かないでいると苦痛となります。しかし、自分に見合ったちょうどいい運動内容、心地良いと感じられる範囲内の運動量（軽く汗をかく程度）が望ましいです。

痛みや苦しみを感じるような激しい運動（体操、スポーツ、労働）は、無理やり心拍数を上げて負荷（ふか）をかけること＝不自然となり、逆効果となります。ストレッチ、ヨガ、散歩、軽い体操、穏やかな運動がおすすめです。

ストレッチやヨガであっても、苦痛が伴うのは駄目（だめ）です。気持ち良いところで止めて、それを味わうことを選びましょう。

肉体が「この形にしてほしい」と言ってくれていると感じられるものを与えてゆけば良いのです。

決して苦痛は必要ありません。

それは虐待行為と同じです。

肉体を喜ばせれば、どんどん喜びのエネルギーが大きくなり、霊体にも喜びが流れてきます。

心から「嬉しい」「愉しい」「気持ちいい」と思えるのです。

> 喜びを感じながら感謝に変えて「運動する」ことです。

言靈浄化

◆言靈（ことたま）浄化とは？

発する言葉を用いた浄靈浄化となります。

言動は音で発することであり、音はエネルギーや波動となります。

エネルギーや波動には周波数の違いがあり、すべて質が異なるのです。

いわば、「気持ちいい言葉」と「気持ち悪い言葉」が存在する＝「気持ちいいエネルギー」と「気持ち悪いエネルギー」があるということです。

気持ちいい言葉（＝気持ちいいエネルギー）
気持ち悪い言葉（＝気持ち悪いエネルギー）

人が発する言葉は、自他ともに浅くも深くも記憶に刻まれ、必ず影響を与えています。

脳は、耳で聞き取った言葉を解読して、周波数に見合った脳内物質を分泌（ぶんぴつ）します。

医学的には次のように言われています。

各書で説明が異なる点もありますのでご了承ください。

◇ドーパミン＝気力や幸福感を高める
◇ノルアドレナリン＝集中力を高める
◇アドレナリン＝気力や興奮（こうふん）を高める
◇セロトニン＝睡眠と覚醒（かくせい）の調整をする
◇メラトニン＝眠気をもたらす
◇アセチルコリン＝記憶と学習を司る
◇エンドルフィン＝幸福感を高める＆免疫力向上

生命体として、良い言葉のエネルギーを得ると、喜びを感じ、気力や幸福感を高められたり、癒されたりしますが、それは靈体も同様です。

靈体は良いエネルギーを受け取れば、より良きエネルギー体に変化し、良き氣を発するようになります。良きエネルギーを受け取り続ければ、より靈質が良くなり、発する氣も強く大きくもなります。

良い思念の込められた言葉は、良いエネルギーですので、お互いのためにも良い言葉を何度も「言う」「書く」ように心がけましょう。

◇喜びの表現をしましょう。
◇感謝を表現しましょう。
◇自他ともに褒めましょう。
◇自他ともに励ましましょう。
◇笑顔で言葉にしましょう。

◆良い言葉（例）

ありがとうございます　おかげさまです　感謝しています
愛しています　好きです　大好きです
うれしい　たのしい　元気です
気分は上々（じょうじょう）です　ハッピーです

◆褒め言葉（例）

かっこいい！　かわいい！　きれい！　さわやか！
すばらしい！　最高！
おもしろい！　頭がいい！　かしこい！
才能がある！　まじめ！　魅力的！
個性的！　将来が楽しみ！
信じられる！　信用できる！　頼りがいがある！
付いてゆきます！　支持します！　頑張（がんば）っていますね！

◆**励ましの言葉（例）**

大丈夫！　きっとできる！

成し遂げられる！

応援しています！　がんばれ！

自分を信じて！

良き未来を想像して！

運がいい！

調子がいい！　いける！

もし、どうしてもマイナスの言葉を言いたい時は、それを打ち消す**プラスの言葉を後から言うように心がけてみましょう。**

悪い言葉〔マイナス〕↓良い言葉〔プラス〕↓＋－０

例：「バカやろう↓素晴らしい！」

「腹立つ↓ありがとう！」

「疲れた↓よく頑張った！」

「無理だ↓やればできる！」


これで＋－０（プラスマイナスゼロ）にでき、即効性があります。

脳が混乱して、マイナスの言葉を記憶させないのです。

脳のメカニズムは、言葉にイコール付けして記憶させるので、マイナスの言葉を言ったままですと、マイナスの記憶が残ってしまいます。

マイナスの言葉を言ってはならないとは言いませんが、マイナスの言葉を言ったならば、それを打ち消すようなプラスの言葉を、あとで必ず付け加えることをお勧め（すす）めします。

現代社会におけるコミュニケーションの手段としてメールがありますが、どのような言葉を選ぶかということは、非常に重要です。ですから日々のメールの最後にでも、お互いが気持ち良くなるような言葉を付けてみるのをお勧め(すす)します。

わたしの場合は、

「みなみなうれしうれしたのしたのしかわるかわるありがたいありがたい」

と文章の最後に書き添えるようにしています。

良い言葉を発する人には、良い人が寄ってきて、良い未来が与えられます。

言葉の力は即効性(そっこう)がありますので、ぜひお試しください。

あなたも必ず「良い言葉＝プラスの言葉」を選ぶ人となり、良いエネルギーを放つ人になってゆかれることでしょう。

喜びを感じながら感謝に変えて「言葉にする」ことです。

第3章

浄化の方法②
自然を通して

呼吸浄化

◆呼吸浄化とは？

◇「空気を吸う喜び」を感じること。

◇「空気を吐く喜び」を感じること。

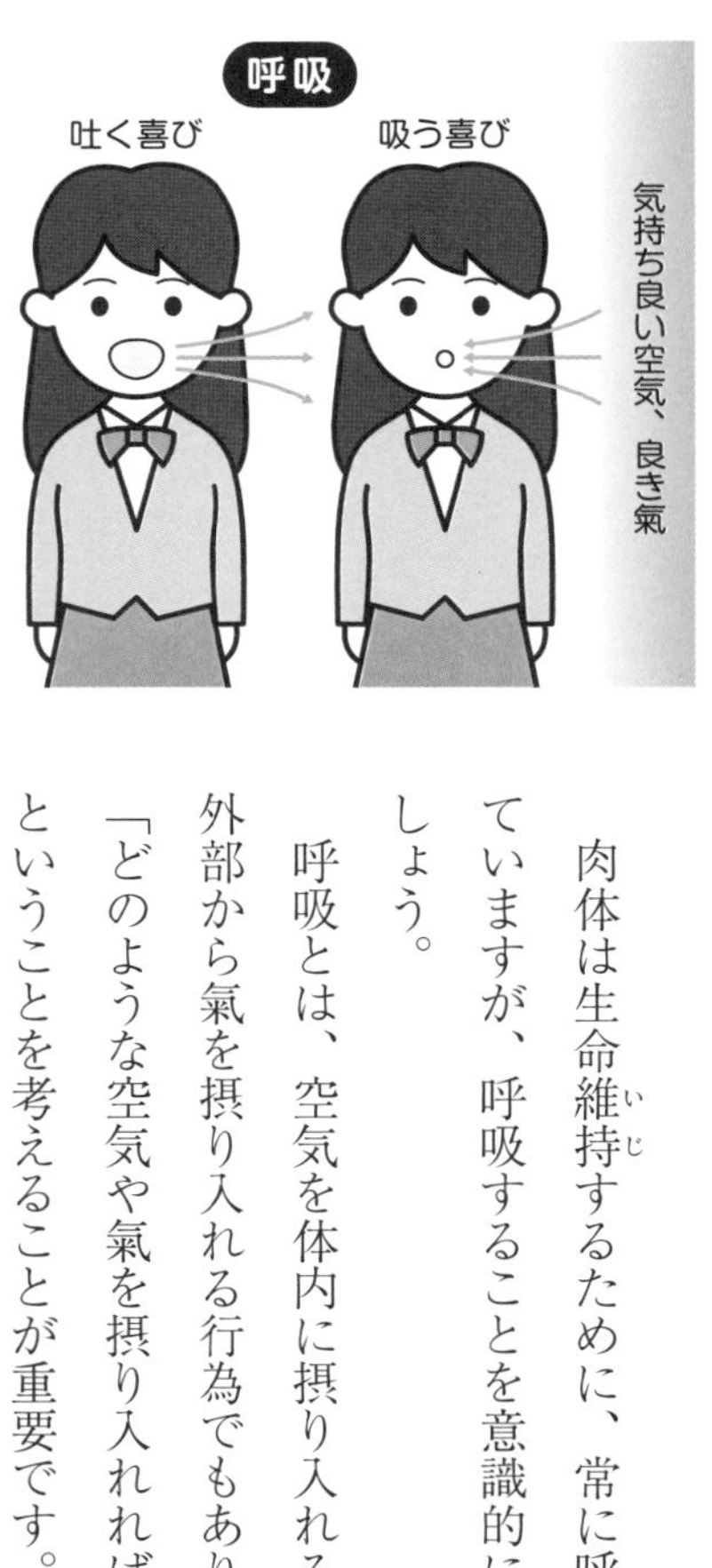

肉体は生命維持するために、常に呼吸してくれていますが、呼吸することを意識的に行ってみましょう。

呼吸とは、空気を体内に摂り入れる行為ですが、外部から氣を摂り入れる行為でもあります。

「どのような空気や氣を摂り入れれば良いか？」ということを考えることが重要です。

無論（むろん）、気持ち良い空気であり、良き氣であることが必要です。

気持ち良い空気や氣を吸うことで、より喜びを深められます。


呼吸には、「吸う喜び」と「吐く喜び」があります。

ゆっくりと大きく、何度か深呼吸してみましょう。

吸うことがこんなに気持ちよく、吐くことがこんなに気持ちがいいものなのかということを感じられれば、意識して呼吸をするようになれます。

〔呼吸〕＝〔吸う喜び〕＋〔吐く喜び〕

目覚めてから朝の時間帯にする深呼吸は、全身に酸素を巡（めぐ）らせ細胞を活性化させます。

医学的にもちゃんとした根拠がございます。

脳神経細胞（のうしんけいさいぼう）に酸素を届けることで、リラックス感とスッキリ感をもたらし、集中力が高められます。また副交感神経が刺激され、自律神経が整い、セロトニン（精神を安定させる脳内物質）が生成されやすくなります。

さらに血液の循環も良くなり、内臓が活性化します。

呼吸法だけで自身の感情をコントロールできるようになれば、非常に理想的です。

呼吸法によって、歓喜の世界と繋がり続けられる状態を保てれば、一日中、幸福感を保てる人にもなれます。

> 喜びを感じながら感謝に変えて「呼吸する」ことです。

自然浄化

◆自然浄化とは？

◇自然界の「氣」をいただくこと。

自然界のエネルギーは、圧倒的に浄化力が強いです。ですから、**「自然」を摂り入れた生き方をすることが、心身共に健康であるためには正しい生き方と言えます。**

日々、どのような環境で生きるか？　ということは、どのようなエネルギーの影響を受け続けるのか？　ということと同じです。

わかりやすく言えば、人間関係を抜いて考えるならば、田舎暮らし（自然が多い）と都会暮らし（自然が少ない）では、環境のエネルギーの違いが明らかに大きいということです。

「３６５日間、何を見て、何を聞いて、何を嗅いで、何を食べて、何に触れて、何を考えるのか？」は、生き方＝自己選択の問題です。

住居だけではなく、職場においても、良きエネルギーの環境で生きるのか？　悪しきエネルギーの環境で生きるのか？

「環境を選択する」ということは、生きてゆく上で非常に重要な問題なのです。

とは言え、致し方なく現在の環境に適応せざるを得ない場合もありますので、総合的に見て時期的な判断も必要と言えます。

生き方＝衣食住の自己選択

良きエネルギーの中で生きるためには、できるだけ自然のエネルギーを取り入れた生活を取り戻していくことをお勧めします。

自然界には、日月星山川海土岩火水風木……と、いろいろなエネルギーがあります。森羅万象、すべてのエネルギーを意識して上手に付き合ってゆくことが良いでしょう。

自然界へと意識を向ける生き方が大切です

電磁波や人工物に囲まれた環境で暮らしていると、心身共に必ず疲弊してゆきます。

ですから、そのまま放置しておけば、免疫力が低下し、病になりやすい状態となるのです。

心身の疲弊（病氣）↓免疫力の低下（病態）

やむをえず、都会暮らしやストレス過多（悪しきエネルギーを受け続けている状態）の環境で生きなければならない場合、せめて1週間のうち一日、または一日のうち1時間くらいは、自然の中（外、公園、近くの森林、河川等）に行き、良きエネルギーを摂り入れ、心身のバランスを取るように心がけましょう。

良きエネルギーの環境に居る時間＝良き氣を補う時間＝心身を癒す時間を設けるだけで良いのです。

それは、決して無駄な時間ではなく、**必要不可欠な大切な時間**です。

太陽浄化

◆太陽浄化とは？

◇太陽の光を浴びること。

自然のエネルギーで最も浄霊浄化力が強いのは、太陽の光です。

昔から物語で「光と闇（やみ）」と言われるように、光はプラスエネルギーであり、闇はマイナスエネルギーであるとイメージしていただければ良いです。

太陽のエネルギーを摂（と）り込むためには、日の光に当たること（ひなたぼっこ）です。

太陽と共に生活すると、おのずと太陽の光に当たることにも繋（つな）がります。

逆に夜行性になれば、太陽のエネルギーをいただけない生き方をすることとなり、非常にもったいないことになります。

特に憑依（ひょうい）、吸収、感応（かんのう）、霊媒（れいばい）体質の人は太陽と共に生きて、太陽の光をいただくことを日課にしましょう。

昼型生活の勧め

太陽のエネルギーでも特にお勧めなのは朝陽です。朝は空気が澄んでいるため、朝陽はとても心地が良いものです。

イメージとしても、朝昼晩と比べてみても、これから一日が始まるという意識に繋がり、氣力が上がります。

また朝は、動植物たちにとっても活発に行動し始め、生命力に満ちている時間帯ですから、朝、外を歩くだけでも周囲からも氣力（きりょく）を得られます。

太陽の光を吸う

太陽を見て、太陽の光を吸うような気持ちで深呼吸します。

そして、心身に溜（た）まっていた「不浄（ふじょう）な氣（き）」を吐き出すような気持ちで息を吐きます。

靈体のエネルギーを、新旧入れ替えるようなイメージで深呼吸しましょう。

深呼吸する回数は自由ですが、〝しすぎない〟（過呼吸にならない）程度にゆっくりがよろしいです。

◇朝の氣は特別なエネルギー！

◇朝の散歩（太陽＋朝の氣＋運動）

毎日、早寝早起きを習慣づけ、目が覚めたら一日の始まりに感謝し、朝の氣をいただきながら周囲を散歩し、朝陽の光を浴びながら、良い空気を深呼吸し、適度な運動をし、笑顔で挨拶（あいさつ）して歩けば、十分な浄靈浄化となり、幸福感が高まります。

「わたしは今、浄靈浄化している」と意識的にひとつひとつやれば、浄化力が高まるのです。

「元氣の『元』とは、太陽である」といっても過言ではありません。

元氣の「元」＝「太陽」

「病は氣から」。だから、氣を喜ばせればいいのです。

では、氣が喜ぶものは何か？

「一番は太陽である」という知識さえあれば、人は太陽と共に暮らす生き方をするようになり、結果として「病になりにくい人」にもなります。

こういった単純で大切なことを、わたしたちは正しく教えられていません。

「日の大神さま、祓え給え、浄め給え、癒し給え」

★繰り返し奏上。言靈（ことたま）浄化と併用することをお勧めします。

> 喜びを感じながら感謝に変えて「太陽を観（み）る」ことです。

月星浄化

◆月浄化&星浄化とは？

◇月を観ること。
◇星空を観ること。

月や星はエネルギーを吸い取ってくれます。
それは癒し効果があるとも言えます。
結果的に睡眠に誘ってくれます。

新月と満月のエネルギーは逆の効果

月は地球の一番近くにある衛星（えいせい）ですが、闇夜（やみよ）に浮かぶ月は、新月と満月ではエネルギーが異なります。

月は満ち欠けを繰り返します。かつては太陰暦（たいいんれき）が使用されていました。月の重力は地球の潮の満ち引きを起こし、地球すべての生命体に大きな影響を与え続けています。

〔新月→満月〕氣は上昇する
〔満月〕氣が充満する
〔満月→新月〕氣は下降する

月のエネルギーは、新月（０）～満月（１００）を29・５日周期で繰り返しています。新月（０）↓満月（１００）↓新月（０）↓満月（１００）↓新月（０）をエネ

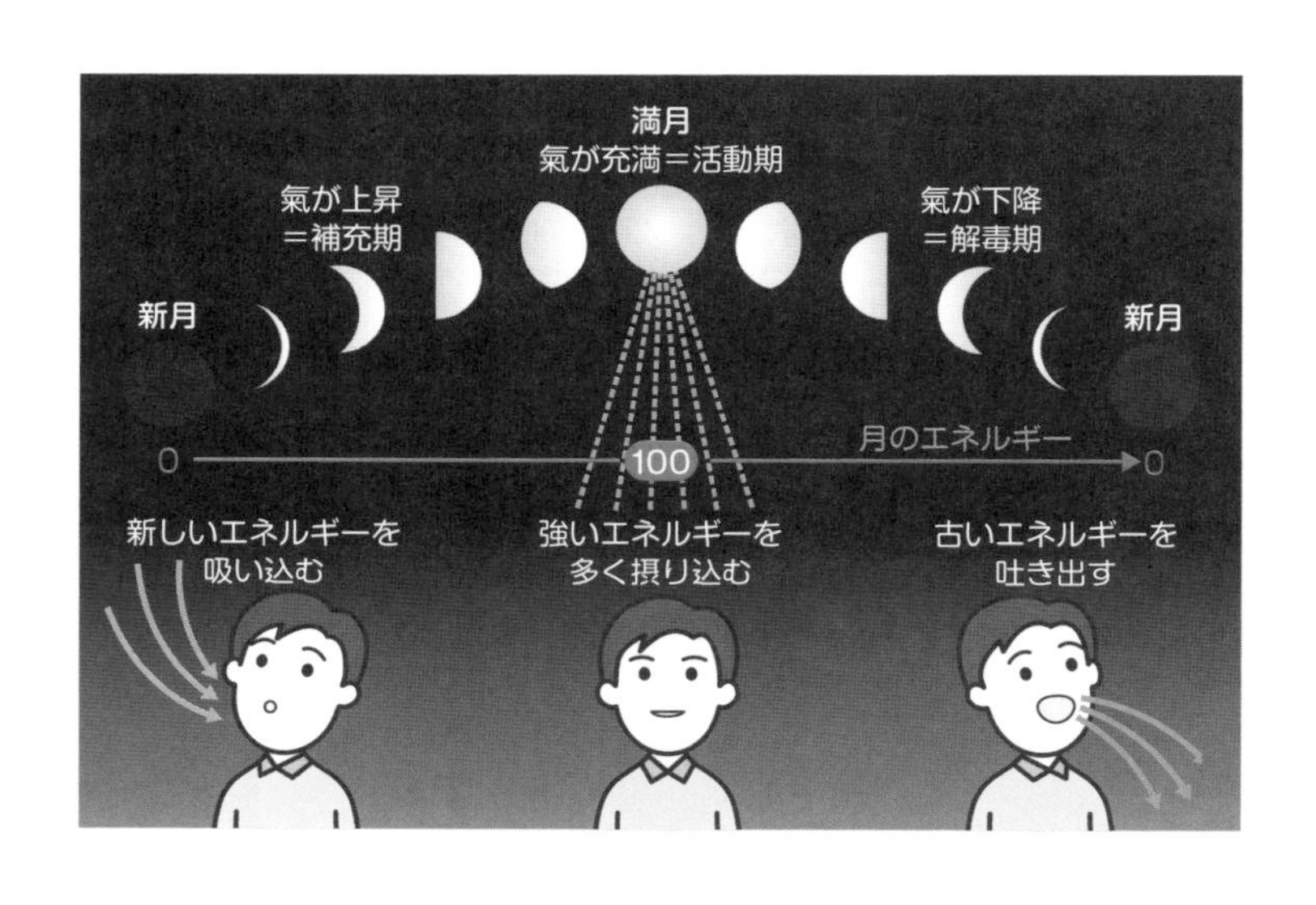

ルギー的に繰り返し続けています。
月の浄霊浄化についてですが、月のエネルギーの使い方が大切です。
月に意識を向け、月光を浴びながら、静かに呼吸します。

新月から満月に向かって、氣が上昇してゆく補充期（※準備してゆく）ですので、月を観ながら、新しいエネルギー（氣、想念、感情）を吸い込むような気持ちを意識しながら、静かに呼吸します。
満月では、氣が充満している活動期（※実行してゆく）ですので、月を観ながら、強いエネルギーを多く摂り込むような気持ちを意識しながら、静かに呼吸し氣力を高めます。
満月から新月に向かって、氣は下降してゆく解毒期（※整理してゆく）ですので、月を観ながら、古いエネルギー（氣、想念、感情）を吐き出すような気持ちを意識しながら、静かに呼吸します。

「**月の大神さま、祓え給え、浄め給え、癒し給え**」

★繰り返し奏上。言靈浄化と併用することをお勧めします。

喜びを感じながら感謝に変えて「月を観る」ことです。

星のエネルギーは癒しエネルギー

星は遠くにあるエネルギー体ですから、癒しのエネルギーとなります。

ですから、日中に太陽のエネルギーをいただき元気になったら、夜はゆっくり星空を眺め、星のエネルギーでクールダウンすれば、安眠（あんみん）を得やすくなります。美しき星空は視覚浄化となります。

「星の神々さま、祓（はら）え給（たま）え、浄（きよ）め給（たま）え、癒（いや）し給（たま）え」

★繰り返し奏上。言靈浄化と併用することをお勧めします。

喜びを感じながら感謝に変えて「星を観る」ことです。

山浄化

◆山浄化とは?

◇山を歩くこと。

自分にとってあまり苦しくならない程度のトレッキング、登山が望ましいでしょう。

山を歩けば、周囲の植物や鉱物、景色からの良き氣をたくさん得られます。

◇**遠くから山を観ること。**

視覚浄化となります。山の美しさを眺め続け、目から喜びをいただきます。

「山の神さま、祓え給え、浄め給え、癒し給え」

★繰り返し奏上。言靈浄化と併用することをお勧めします。

喜びを感じながら感謝に変えて「山を観る」ことです。

水浄化

◆水浄化とは?

◇透き通った綺麗(きれい)な水を観る、触れる、浴びる、浸(つ)かることです。

海、湖、池、川、滝、泉、井戸水

冷た過ぎる温度は逆効果となるため、カラダが冷え過ぎない程度の温度や時間が望ましいです。決してカラダに負荷をかけないことが大切です。

・清水に両手両足を浸けること。

※季節によりますが、あまり冷たくない

夏の前後期が良いでしょう。

・温水シャワーや水シャワー（※夏限定）を浴びること。

「水の神さま、祓え給え、浄め給え、癒し給え」

★繰り返し奏上。言霊浄化と併用することをお勧めします。

> 喜びを感じながら感謝に変えて「水に触れる」ことです。

火浄化

◆火浄化とは？

◇火を見る、火に当たること。

ゆっくり焚火をしたり、薪ストーブの火を近くで静かに見たりすると良いです。

火

浄めたいことを書き記し
燃やして浄化する方法が
あります

・燃やす。

用紙に浄めたい内容を書き記し、燃やして浄化する方法があります。

「**火の神さま、祓え給え、浄め給え、癒し給え**」

★繰り返し奏上しながらお焚き上げすることをお勧めします。

> 喜びを感じながら感謝に変えて「火を見る」ことです。

風浄化

◆**風浄化とは?**

◇潮風や清流、滝から吹いてくる風に当たること。

◇マイナスイオンを浴びること。

◇気持ちいい風を吸うこと。

「風の神さま、祓え給え、浄め給え、癒し給え」

★繰り返し奏上。言霊浄化と併用することをお勧めします。

> 喜びを感じながら感謝に変えて「風に当たる」ことです。

植物浄化（樹木、草花）

◆植物浄化とは？

植物は攻撃的なエネルギーがありません。癒しのエネルギーを与えてくれます。

人のネガティブなエネルギーを吸収してくれます。

竹、麻、稲、葦、山野草など、一年草は成長が速く、エネルギーが非常に高い宇宙植物です。宇宙植物というのは、かつて他星から持ち込まれた植物であり、地球人に与えられた優良な植物なのです。

竹は食べられ、繊維にもなり、炭にもなり、建材ともなり、浄化力も強く、何にでも使える優れた植物です。

麻は麻薬（マリファナなど）の原料になるからと栽培が禁止されてしまいましたが、戦前までは、種実は油に、茎は繊維に、葉は薬草にと、古代よりありとあらゆるものに使われていました。

稲というのは古代用語で、今ではお米のことだけを指すようになってしまいましたが、細かい粒々の種実がいっぱいなる穀物は総称して「イネ」と呼ばれていました。

稲も衣食住医すべてに使える馴染み深い優れた植物です。

山野草は、飲食物としてはもちろんのこと、漢方やアロマ等の薬剤（煎じ薬・塗り薬・吸引薬など）、虫除けの染料や香料としても一般的に使用されてきました。

このように昔の日本人は浄化力の強い植物を、衣食住医すべてにおいて上手に利用し、生活していたのです。だから「魔が入りにくい暮らし」をしていたとも言えます。

現在は真逆であり、魔に憑依され、操られやすい悪環境と化しています。

植物は動物に与えられたものです。植物は動物に食べられますが、動物の糞尿や死体などが分解されてできた栄養分をもらい繁殖します。

だから、持ちつ持たれつの関係なのです。

植物には、動物（人間も含む）に必要なものがすべて揃っているのです。

ですから、古来より魔除けや病治しには植物が欠かせませんでした。

シャーマンの中には「メディスンマン」と言われる植物の使い方に長けた人が世界中にたくさんいて、薬草を使用した民間療法がなされ、古来より引き継がれてきました。

喜びを感じながら感謝に変えて「植物と関わる」ことです。

樹木浄化

◆樹木浄化とは?

◇樹木と親しくなること(友達になる)。木の神として付き合う。
◇樹齢(じゅれい)の長い樹木は人間的であり、対話が可能です。
◇樹木に触れる、抱きつく、寄りかかる。
◇樹木の根元で瞑想(めいそう)する。

植物は負のエネルギー要因がなく、とても良いエネルギーを放出しています。
中でも圧倒的にエネルギーが強いのは、しっかりと根が生えている樹木です。
木は、地球と繋がっており、太陽からもたくさんのエネルギーをいただいているた

め、非常にエネルギーが強く、浄化力も高いです。樹齢が長ければ長いほど、森の主となり、周囲の木々とも連動しており、浄化力がより強くなります。

まず、**公園や森林、山に足を運び、お気に入りの木を見つけてください。**

そして木に「触れさせてください」と話しかけてから触れます。

触れさせていただき癒されたら「ありがとうございます」とお礼を伝えましょう。

また改めて行ったならば、同じ木に話しかけ、触れさせていただく、ということを繰り返せば、木や森と親しくなれます。

また、わたしが指導霊から教わった植物との関わり方で、樹木に対しては「切ってはならない」。それは成長するのに歳月を要するということと、空気を浄化し生態系の要(かなめ)を担っているから、と言われました。

ですから、里山の木は植林し循環利用し、奥山の木は自然に戻していっさい人が関与しないようにすることが望ましいと言えます。

樹齢何百年以上の樹木と対話すると、必ず言われることがあります。

「我々を切るな。人間はなぜ別の種と共存しようとしないのか!?」

そう言われる度に、謝罪するばかりです。

「木の神さま、森の神さま、祓(はら)え給(たま)え、浄(きよ)め給(たま)え、癒(いや)し給(たま)え」

★繰り返し奏上。言靈浄化と併用することをお勧めします。

喜びを感じながら感謝に変えて「樹木に触れる」ことです。

草花浄化

◆草花浄化とは？
◇草花に触れる。
◇草花に話しかける。
◇草花の香りを嗅ぐ（嗅覚浄化）。

植物は共通して受動態（じゅどうたい）であり攻撃せず、非常に寛容に負のエネルギーを吸ってくれます。

お見舞いにお花を持っていくのは、視覚浄化もありますが、病人の不浄（ふじょう）なる氣を吸い取ってもらい、早く自然治癒力（ちゆりょく）を回復させせるためでもあります。

「草花の精霊たちに感謝します。祓え給え、浄め給え、癒し給え」

★繰り返し奏上。言霊浄化と併用することをお勧めします。

> 喜びを感じながら感謝に変えて「草花に触れる」ことです。

鉱物浄化

◆鉱物浄化とは？

◇岩や石に触れること。

岩、石はエネルギー体です。鉱物の種類によってエネルギーが異なります。

癒しのエネルギーが強いもの、脳力・氣力

を高めるものなどいろいろございます。

石で有名なのは、宝石ですが、視覚浄化も担(にな)っています。

身に着けるものは、石によってエネルギーや効能が異なりますので、心身の状況に合わせた使い方が望ましいです。

山も、鉱物の集合体であるため、山々によってエネルギーや効能が異なります。
※鉱物の装飾品や偶像等は、エネルギー効能をうたうご利益(りやく)信仰でよく見られますが、依存しないことが重要です。
自分の感覚で好きな山、好きな岩、好きな石を選択されるのが良いでしょう。

「岩の神さま、石の神さま、祓(はら)え給(たま)え、浄(きよ)め給(たま)え、癒(いや)し給(たま)え」

★繰り返し奏上。言靈浄化と併用することをお勧めします。

喜びを感じながら感謝に変えて「鉱物に触れる」ことです。

砂浄化

◆砂浄化とは？

◇両手両足を砂につけること。

◇砂浴すること。

きれいな砂が望ましく、海辺の砂が良いでしょう。温泉に入浴した後と同じような効果が感じられます。

「**地の大神さま、祓（はら）え給（たま）え、浄（きよ）め給（たま）え、癒（いや）し給（たま）え**」

★繰り返し奏上。言靈浄化と併用することをお勧めします。

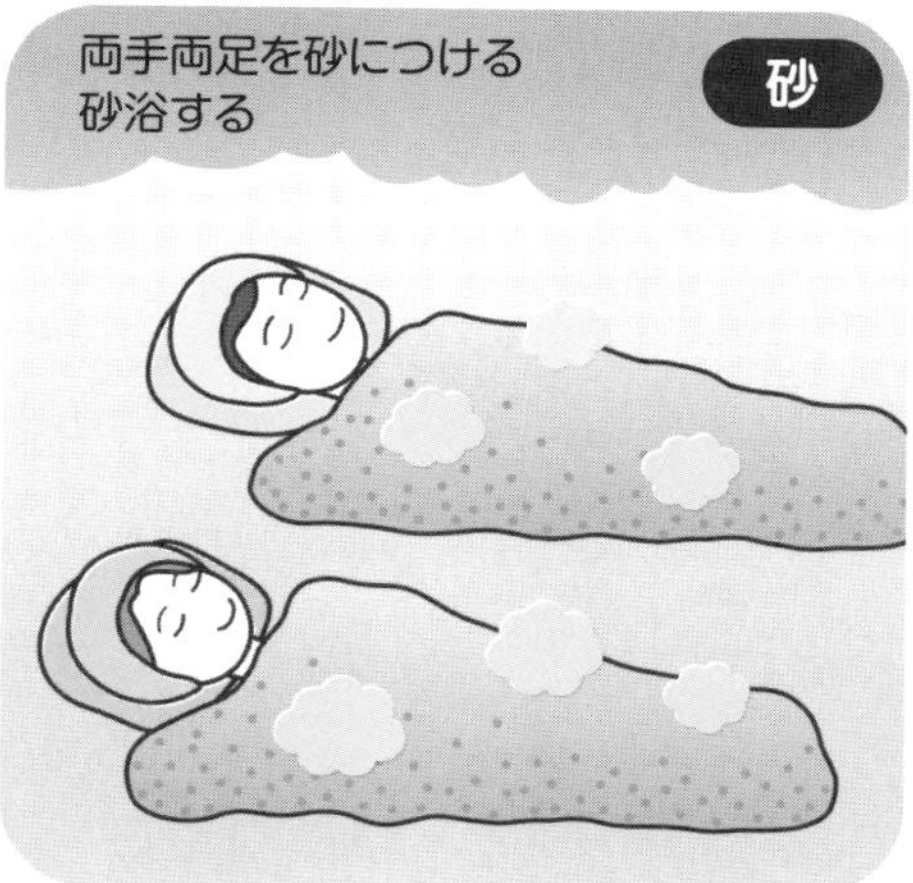

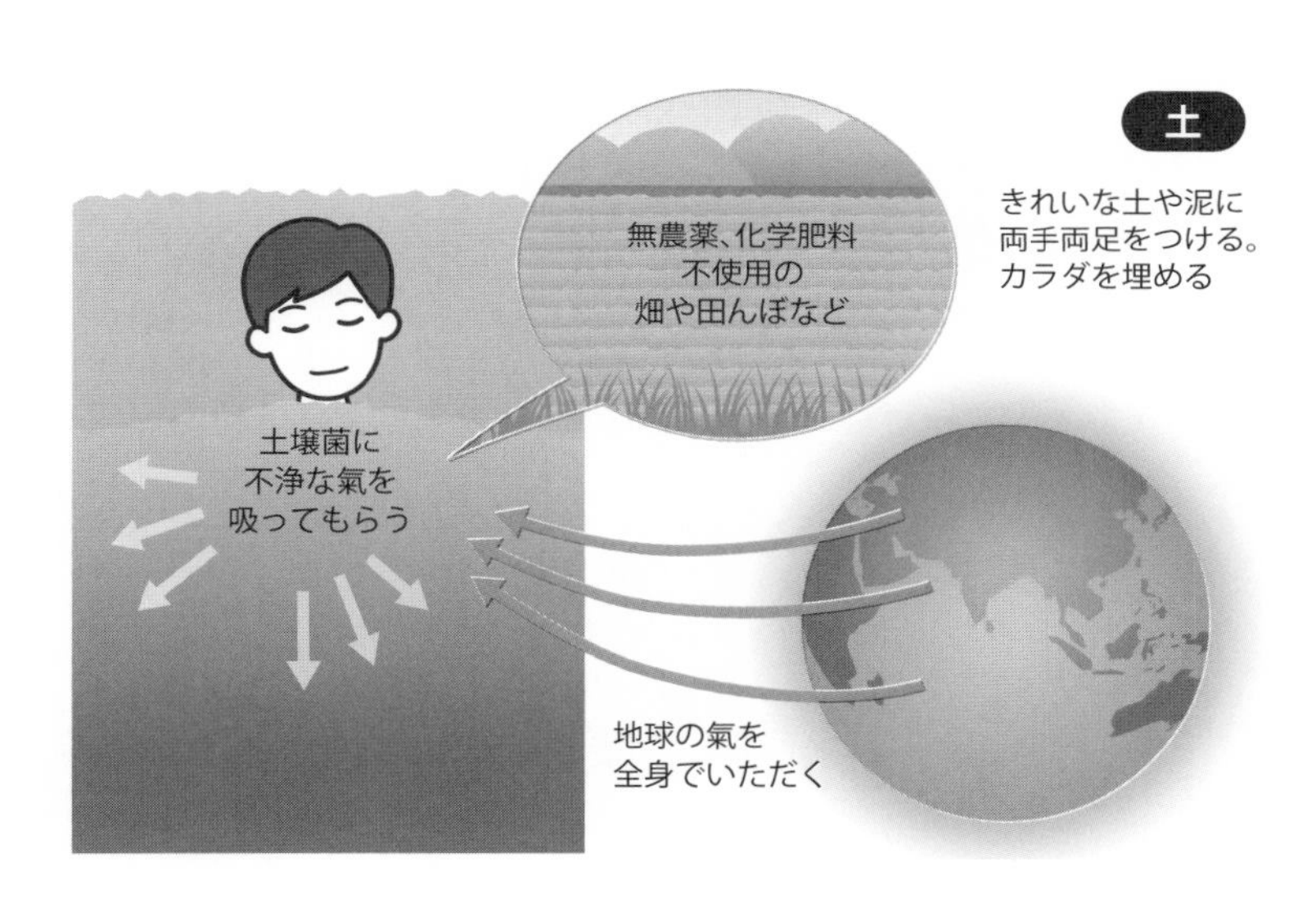

喜びを感じながら感謝に変えて「砂に触れる」ことです。

土浄化

◆土浄化

◇両手両足を土につけること。
◇土にカラダを埋めること。

きれいな土が望ましい。無農薬、化学肥料(ひりょう)不使用の畑や田んぼの土や泥。

温泉に入浴した後と同じような効果が感じられます。

昔からある民間療法のひとつで、医者

に見捨てられた病人は、首から下を土に埋めて病治しをされたそうです。
それは、土壌菌に不浄な氣を吸ってもらい、地球の氣を全身からいただくことで、免疫力の回復をさせてきたのでしょう。

「土の神さま、地の大神さま、祓え給え、浄め給え、癒し給え」

★繰り返し奏上。言霊浄化と併用することをお勧めします。

喜びを感じながら感謝に変えて「土に触れる」ことです。

入浴浄化

◆**入浴浄化とは?**

◇お風呂に浸かること。

入浴

心地よい適温で
ゆっくりと入浴する

◇熱すぎず温（ぬる）すぎず、心地よい適温でゆっくりと入浴しましょう。

わたしは毎日、水の神も拝（おが）んで生きています。

なぜなら、すべての生命体は水によって生かされているからです。

水を飲むときも、お風呂に入るときも、シャワーを浴びるときも、水の神さまより喜びをいただいていると感謝を手向（たむ）けながら、日々暮らしております。

わたしは、一日に朝晩2回お風呂に入ります。

その理由は、浄化力が強いからです。

お湯とは、火の神さまと水の神さまによって作られていますから、お風呂に入るときは、ただお湯に浸かるのではなく、火の神さまと水の神さまに浄化していただいている喜びと感謝を手向けながら浸かります。

〔お湯・お風呂〕＝〔火の神〕＋〔水の神〕

体を洗うときには、体に感謝しながらひとつひとつ丁寧に洗い、シャワーを浴びるときやお湯に浸かるときは、火の神さまと水の神さまに感謝し、カラダを撫でながらゆっくり浸かります。

それだけでも心身共に癒やされ、安眠しやすくなります。

◇歯をみがく。
◇うがいをする。
◇手を洗う。
◇顔を洗う。

プラス「水の神への感謝をする」という行為もまた、「身を浄める」という気持ちで行えば、浄靈浄化となります。

すべてが意識の世界ですから、どのような思いでするか、しないか、という差が結果として顕れてきます。

靈の世界は、「おのれの意識をどのような想念と繋(つな)ぐか」ということが問われています。

「火の神さま、水の神さま、祓(はら)え給(たま)え、浄(きよ)め給(たま)え、癒(いや)し給(たま)え」

★繰り返し奏上。言靈浄化と併用することをお勧めします。

喜びを感じながら感謝に変えて「湯に浸かる」ことです。

第4章

浄化の方法③
チャクラ、色彩、瞑想など

発声浄化

◆**発声浄化とは？**
◇大きな声を出すこと。
◇唄うこと。
◇声を出して笑うこと。

溜(た)まっていたネガティブなエネルギー、不浄なる氣を排出するイメージで腹から声を出すことです。**大きな声を出すことは、即効性のある浄化の方法です。**

心の中に溜まっているものを全部出し切る感じで、大声を出してみましょう。

そのときに必要なのは、大声を出してもいい環境です。

お勧めなのは、カラオケボックスや音楽スタジオです。そこで、マイクを使わずに、大声を出します。

声を出す行為に喜びを感じられると良いでしょう。

笑い浄化

◆笑い浄化とは？
◇笑うこと。
◇笑顔になること。
◇笑い声を出すこと。
◇笑わせること。

自他を愛する気持ち、感謝の気持ち、貴（とうと）ぶ気持

ちへと意識を向けて、より質の良い笑い（笑顔）を求めましょう。

笑うことは浄靈浄化となります。これは医学的にも治療に取り入れられており、笑いは、がん細胞やウイルスなどを退治するＮＫ（ナチュラルキラー）細胞を活発化させ、免疫力を上げます。

笑い↓免疫力を上げる

さらに、脳の働きを活性化させ、血行促進、自律神経のバランスも整え、筋力の向上、幸福感の向上、鎮痛（ちんつう）作用をもたらします。

とはいえ、なかなか辛（つら）くて笑えないときは、何か自分を笑いへと導くアイテムを用意しておきましょう。

◆自他を笑わせるためのアイテム

◇笑える写真や動画を観る（パソコンや携帯電話に入れておく）。

◇笑える書籍を読む。
◇笑えるＣＤを聴く。
◇笑える言葉を見る。読む。口にする。
◇好きな人たちと過ごす。
◇鏡を見て笑うトレーニングをする。

口角（こうかく）を上げ目尻（めじり）を下げ、表情筋（ひょうじょうきん）を育（はぐく）みましょう。

笑い声もプラスして、自然な笑いになるように繰り返してみましょう。

塩浄化

◆塩浄化
◇塩を摂取（せっしゅ）する（お湯、ぬるま湯、水に溶かして飲む）。
◇塩をカラダに振りかける。

◇塩を撒く。
◇塩風呂に入る。
◇塩をカラダに塗る（塩サウナ）。
◇塩をカラダに当てる（袋のまま）。

塩は生命体にとって水分同様、必要不可欠なものであり、エネルギー的には非常に強い物質です。**霊的に見ても、非常に強い浄化力をもっております。**

なぜなら、塩は海水を乾燥させて作りますが、乾燥させるために太陽や火が必要となります。

塩は海の神、日の大神、火の神、それぞれのエネルギーが凝縮されたエネルギー体だと考えればわかりやすいでしょう。

塩は、昔から世界中で邪気邪靈を祓い清めるために使われ、日本でも昔から、神棚や玄関に盛り塩がなされてきました。

わたしもこれまでに、塩の量をいろいろ変えて浄靈浄化を試してきましたが、やは

り塩もエネルギー体なので、量が多ければ多いほど浄化力が高まります。

反対に少量であれば、エネルギーは小さく、浄化に長時間かかったり効果が見られなかったりします。

現実的には１kgでいいでしょう。

塩は、なるべく天日塩（てんじつえん）を使います。

それは太陽のエネルギーがたくさん詰まっているためです。精製塩や味付けされた塩ではなく、普通の粗塩（あらしお）が望ましいです。

家に置くなら、１kgの天日塩の袋をそのまま置くのがいいでしょう。

一般的に浄化のために塩を撒いたり、盛り塩にしたり、風呂に塩を入れたりもしますが、日々使用する場合、かなりの使用量となりますのでもったいないです。

塩がどのようにしてできるのか、製造工程を知ると、やはり有難く大切に使わせていただこうという気持ちになります。大量消費は経済的ではありません。

ですから、塩は湿気に弱いため、袋に入ったまま使用します。

保存袋に詰め替えての使用は、途中で塩が出てきてしまうことがありますので、購入した際の開封しない状態のまま使用することをお勧めしています。

自宅で使用する際は、1kgの塩袋が一つよりも、二つ、三つ、四つとあったほうが浄化エネルギーは強いので、部屋の四隅や、出入り口にも置いてみましょう。

しかし、塩が家のあちこちにあると、家族や訪問者にびっくりされてしまいますから、お気に入りの布袋に入れて置いてみたり、見えないように置くなどすればいいのではないでしょうか。

持ち歩き用であれば、200~500gほどの塩袋をチャクラに当てて使用します。

チャクラについて

Q. チャクラとは何ですか？

A. 靈体にあるエネルギーの交差点、ツボ、出入り口のような箇所と思ってください。

靈体の中心線（頭、額(ひたい)、喉(のど)、胸、みぞおち、下腹、股間）には、7つの大きなチャクラがあります。その他には、手のひら、手首、肘、肩、膝、足首、足の裏にも小さなチャクラがあります。

これらのチャクラに塩を置き、負のエネルギーを吸わせるというイメージです。

できれば一日1度、心地よい音楽を流し、アロマを炊(た)き、間接照明にし、10～30分間ほど、横になりながら、各チャクラに塩を置いてみるといいでしょう。

おすすめはお風呂上がりです。お風呂で火の神、水の神に癒(いや)してもらって、今度はチャクラに塩を置いて浄(きよ)めるイメージです。

チャクラとは

どのような場合に、どのチャクラが苦しくなるのか

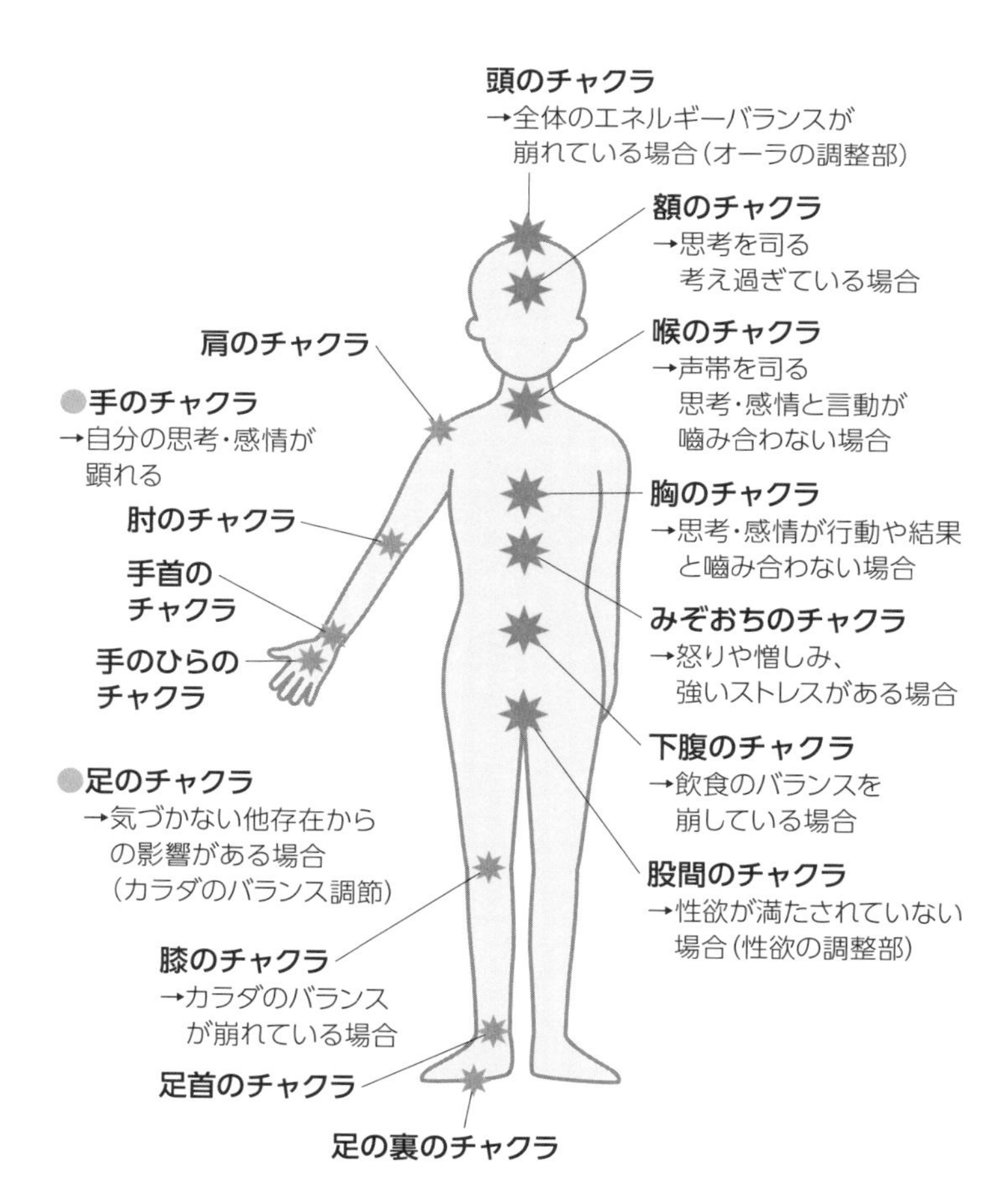

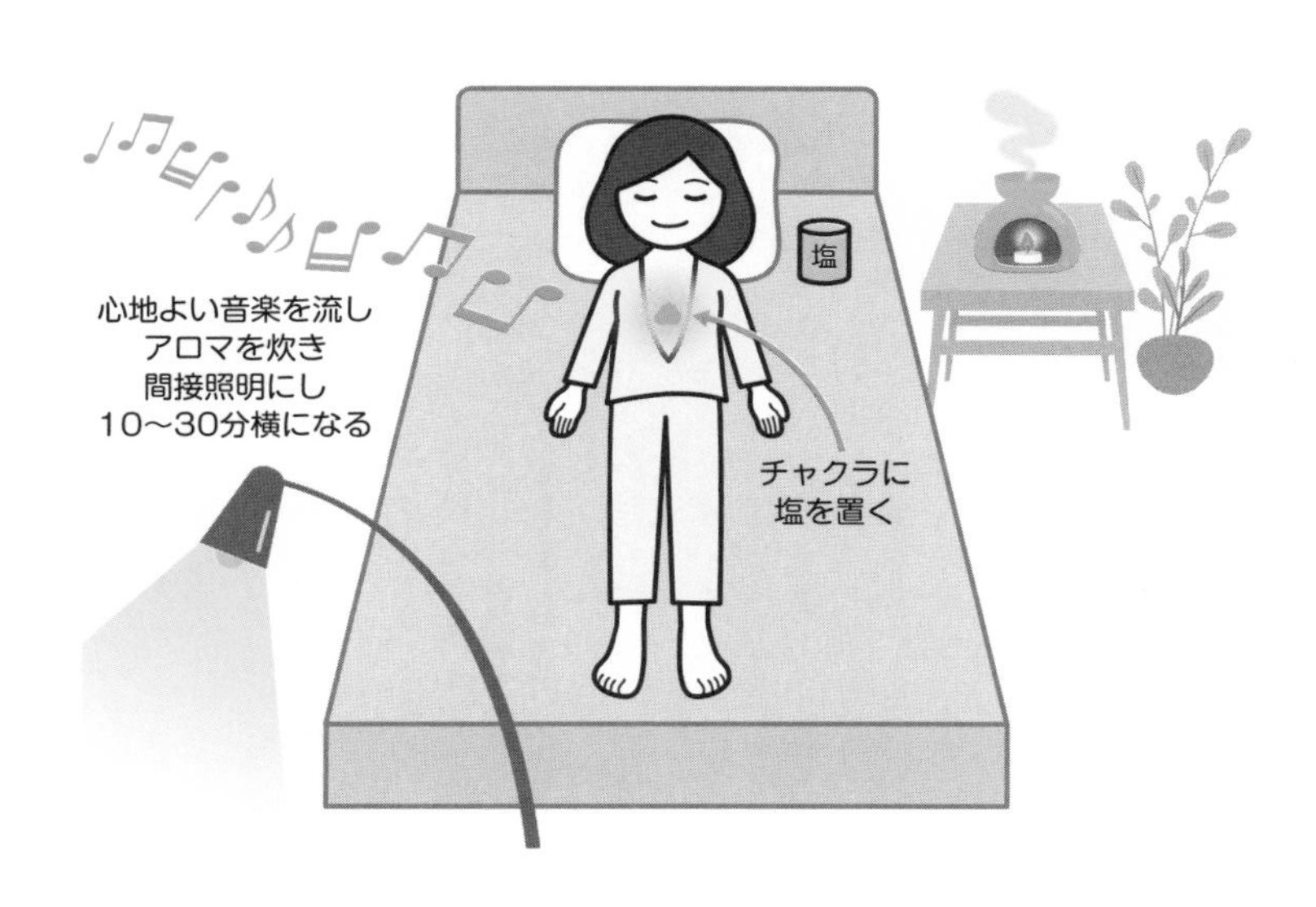

また痛いところや気になる部位があったら、そこにも当てて吸わせるようにイメージしてみてください。

チャクラには表・裏がありますし、場所によって効能が違います。

たとえば、何か心配事や寂（さび）しさ、悲しみの念がある場合、だいたい胸のチャクラに負のエネルギーが溜まっていますから、胸に塩を置きます。

そして、胸の裏側の背中部分もやります。

どのような場合に、どのチャクラが苦しくなるのか?

チャクラとカラダの部位とはリンクしています。

◇頭のチャクラ↓全体のエネルギーバランスが崩れている場合(オーラの調整部)。
◇額のチャクラ↓思考を司(つかさど)る。考え過ぎている場合。
◇喉のチャクラ↓声帯を司る。思考・感情と言動が嚙(か)み合わない場合。
◇胸のチャクラ↓思考・感情が行動や結果と嚙み合わない場合。
◇みぞおちのチャクラ↓怒りや憎しみ、強いストレスがある場合。
◇下腹のチャクラ↓飲食のバランスを崩している場合。
◇股間のチャクラ↓性欲が満たされていない場合(性欲の調整部)。
◇足のチャクラ↓気づかない他存在からの影響がある場合(カラダのバランス調節)。
◇膝のチャクラ↓カラダのバランスが崩れている場合。

◇手のチャクラ↓自分の思考・感情が顕れる。

浄化に使用する塩の種類

◇固まりにくくてサラサラしているもの。
◇天日の塩。
◇安価でも構いません。
◇自宅用塩（1kg／玄関、家の四隅、部屋の四隅、ベッドの四隅、塩枕）。
◇携帯用塩（200～500g）。

Q．塩は交換したほうがいいですか？
A．塩は悪くなりませんので、交換する必要はありません。
しかし気分的な問題ですので、どうしても気になる方は、塩を袋のまま太陽光に当てて浄化させるか、新しいものと交換すれば良いでしょう。

「塩の神様、ありがたき思い奉（たてまつ）ります。祓（はら）え給（たま）え、浄（きよ）め給（たま）え、癒（いや）し給（たま）え」。

★繰り返し奏上。言霊浄化と併用することをお勧めします。

環境浄化

◆環境浄化とは？

◇居心地の良い場所を選ぶこと。

◇集中しやすい静かな場所で過ごすこと。

◇家庭環境、職場を変えること。

◇別の地域に引っ越すこと。

場所もエネルギーが異なります。

「良いエネルギーの場所」と「悪いエネルギーの場所」、または「自分に見合うエネルギーの場所」と「見合わないエネルギーの場所」があります。

〔良いエネルギーの場所〕⇕〔悪いエネルギーの場所〕
〔見合うエネルギーの場所〕⇕〔見合わないエネルギーの場所〕

それぞれの霊体エネルギーに見合う場所を選択できれば、ストレスが少なく健康を保ちやすいということになります。

現在では電磁波の影響が非常に大きいですので、目に見えないエネルギー（電波、電磁波、音波、匂い、大気質）の影響も考えてみてください。

近くに高圧電線はないか？　変電所はないか？

電波塔はないか？　〇Gアンテナはないか？……。

建材等から発生する化学物質などによる室内空気汚染によるシックハウス症候群もあります。気分が優れなくなる場所には、悪影響を及ぼす何らかの要因が必ずあります。

体質によって個人差がありますので、自身のカラダに尋ねるしかありませんが、早めに改善することが望ましいです。

長時間いる場所は、良きエネルギーであること！

掃除浄化

◆掃除浄化とは？

◇部屋を掃除すること。

◇整理整頓すること。

家や部屋をエネルギー体と考えると、良きエネルギーの住まいかどうか考えるようになります。

住まい＝エネルギー体

ゴミが多かったり汚れていたり、臭いがする家や部屋は、邪靈が好みます。そういった部屋を好む人は、邪靈と波長が近いということになり、事実上、悪靈に取り憑かれている人の部屋というのは非常に汚れています。**ゴミや汚れ＝邪氣邪念**と考え、部屋が祓い清められてゆくイメージで、部屋を掃除しましょう。

ゴミや汚れ＝邪気邪念

風通しを良くし、部屋に新しい新鮮な空気を入れましょう。

なかなか捨て難いかもしれませんが、モノもエネルギー体ですので、心地良く感じられないモノやもう使わないモノは、どんどん断捨離し片付けましょう。

モノ＝エネルギー体

嫌々ながらするのではなく、楽しみながら、部屋が美しくなってゆくさまを喜び、良き環境で過ごせることに感謝しながら、掃除や整理整頓、模様替え、断捨離しましょう。

綺麗である＝浄化されている

衣浄化

◆衣浄化とは？

◇無害の衣類を着ること。

衣類もエネルギーです。良きエネルギーの衣服なのか、悪しきエネルギーの衣服なのかは、選ぶ人の好み＝靈性相応ということになります。

天然素材やオーガニック製品（綿・麻等）の衣類、化学繊維の衣類ではエネルギー

が異なります。また、手作り製品と機械製品では、エネルギーが全く違います。

皮膚呼吸を考えると、肌に直に触れる下着や靴下等は、なるべく清潔であり、無害なものであることが望ましいでしょう。

そして、長時間身に着けているものであれば、カラダ（筋肉、リンパ、神経、血管）を締め付けず、負荷の掛からない、ほどよくゆるいものが良いです。

帽子、下着、上着、靴下、履物等……を、もう一度見直してみませんか？

カラダに負荷を掛けない、ほどよくゆるい衣類が良い

それから、衣類の色も視覚から影響を与える重要な要素としてあります。

以下の色彩浄化の項目をご参照ください。

衣類の洗濯も掃除同様に浄化となります。水と光と熱で浄化された衣を身にまとえば、良きエネルギーを得られます。

色彩浄化

◆色彩（しきさい）浄化とは？

◇良いエネルギーの色を見ること。

視覚浄化のひとつとなります。

それぞれの色の持つ特徴に合わせたエネルギーがあります。

状況に合わせた色を観たり、着たり、飾ってみると良いでしょう。

カラーセラピーの世界では、おおよそ次のように教えられていますのでご参考になされてみてください。

（※各書、各セラピストによって教えが異なりますので予（あらかじ）めご了承ください）。

◇赤色は、活力・情熱・興奮（こうふん）・怒り・攻撃的

◇オレンジ色は、陽気・暖かい・安心・若々しい

◇黄色は、光・希望・喜び・元気・楽観的

◇緑色は、自然・安らぎ・平和・健康・裕福

◇青色は、抑制・鎮静（ちんせい）・信頼・爽（さわ）やか

◇紫色は、高貴（こうき）・癒し・集中力・導き・神秘的（しんぴてき）

◇ピンク色は、愛情・恋愛・幸せ・ロマンチック

◇茶色は、誠実（せいじつ）・健全・健康的

◇白色は、純潔（じゅんけつ）・清潔・始まり

◇黒色は、洗練・重厚（じゅうこう）・威厳（いげん）・悲しみ

明るい色（明るい印象）⇕暗い色（暗い印象）

芸能浄化

◆芸能浄化とは？

◇歓喜と感謝の気持ちを込めて「唄う」「舞う」「奏でる」「描く」「書く」。

芸能とは、シャーマニズムが発祥です。

シャーマン（靈媒師）が異次元存在と交流する際の媒体となる手段であり、善き存在と繫がるためには、善き想念とエネルギーが求められます。

善き存在と繫がることは、善き氣が靈体に流れてくることになり、おのずと浄靈浄化の作用に繫がります。

唄う巫女を唄巫女。奏でる巫女を音巫女。舞う

巫女を舞巫女（まいみこ）とも言います。

神事（しんじ）に関わる巫女を昔は猿女（さるめ）と言い、古事記で有名な「さるめ」の名前が天宇受売命（あめのうずめのみこと）です。

神さま（自然森羅万象）や靈団靈人（れいだんれいじん）、愛する人々に、生かしていただいている感謝の念を手向けるために、唄い、奏で、舞うならば、シャーマンに限らず誰でもできます。

> 喜びを感じながら感謝を込めて、
> 「唄う」「舞う」「奏でる」「描く」「書く」ことです。

「描く」「書く」という行為も想念（異次元世界からのイメージ）を形とするということであり、良き想念（エネルギー）を現次元界に降ろす（共振共鳴（きょうしんきょうめい））行為であれば、浄靈浄化となります。

そして、生み出されたものは良きエネルギーが転写されているものということにもなります。

（※どのような人が、どのような状況で、どのような想念で生み出したのか？　を視聴者・所有者は共有することとなります。＝良くも悪くも影響を受ける）

排泄浄化

◆**排泄浄化とは？**

◇排便、嘔吐など排泄する際に「気持ちいい」と思いながら感謝を込めてすること。

◇悪しきものがカラダから出てゆくイメージを込めること。

日々の排泄にさえ喜びと感謝を込めれば、浄霊浄化の作用が望めます。

> 喜びを感じながら感謝に変えて「排泄する」ことです。

宇宙浄化

◆宇宙浄化とは？

◇宇宙の氣を取り入れるイメージをすること。

宇宙エネルギーは、銀河の形状のように渦状（うずじょう）であり、恒星惑星（こうせいわくせい）のように球体、円状であり、曲線的です。

ですから、**宇宙エネルギーを霊体（れいたい）に取り込むためには、渦状や球体、円状、曲線を思い描きながら動いたり、書いたり、創作すれば良いのです。**

例えば、体を回転させてみたり、手及び指を天に向けて内から外へと渦や円を描くように回したりすればいいです。

その際大切なことは、大銀河の渦をイメージし、ウ（大銀河）の大神からのエネルギーをいただくような気持ちで行うことです。

直接、太陽や星空を観ながら行っても良いです。

「ウの大神さま、日の大神さま、星の神さま、祓え給え、浄め給え、癒し給え」

★繰り返し奏上。言靈浄化と併用することをお勧めします。

喜びを感じながら感謝に変えて、「宇宙の氣をいただく」ことです。

瞑想浄化

◆瞑想浄化とは？

◇瞑想すること。

◆過去の事象を浄化するための瞑想

現在に影響を与えていると思われる過去の事象について、「現在の自分」が「過去の自分」に対し、セルフカウンセリングを行うということです。

「過去のあなた」から見れば、現在のあなたは「未来のあなた」です。

「過去のあなた」に対して一番よく理解しており、最高のアドバイザーとなれます。

ただ同情して終わりではなく、より良き想念へと導くことです。
過去に起きた事象は変えられませんが、感想・感情は変えることができます。

例えば、非常に思い出したくもないような苦しかったことに対しては、「思い出したくもない」と蓋（ふた）をするのではなく、「その経験によってたくさん学ばせてもらった。見方によってはありがたい経験をさせてもらった。お陰で同じように苦しんでいる人たちの気持ちがわかる者になれた」という風にです。

事象に対し、「否定（ひてい）」から「肯定（こうてい）」へと変えてゆく自己教育を、ひとつひとつゆっくりするのです。

自身に対しても同じく、**自己否定ではなく自己肯定へと変えてゆきましょう。**
「良き学びをさせていただきました。ありがとうございました」と心から言えれば浄化完了です。

過去の事象に対して＝〔否定〕→〔肯定〕

◆現在の問題を解決するための瞑想

例えば、人間関係の問題等について解決してゆくためには、相手を思い浮かべて、

「心から謝罪すること」「心から感謝すること」

を繰り返し行えば良いです。

直接お会いしたり、電話で話せれば、直接その旨を伝えれば良いでしょうが、対面で話ができない場合は、相手を想像しながら念の世界を通じて行えば良いです。

その場合、お互いの守護霊、指導霊、近親霊、関与霊が関わることになるということを踏まえて、礼節をもって誠心誠意からの行動をされることが必要です。

悪しき邪念（愚痴、悪口、恨み辛みの念）を送れば悪因縁を生み出し、必ず自身に罰として返ってきますので、くれぐれもご注意ください。

《自分》［謝罪］［感謝］↓《相手》

◆未来を創造するための瞑想

未来に対しては、不安や恐れを払拭し、喜びを感じられる素晴らしい光景を強く想像することが大切です。

誰かの言葉に洗脳され、恐怖や不安を自ら選択しないようにしてください。

未来を創る最初は、想像すること＝思念を選択することです。

想像すること＝思念を選択すること

思念が言動となり、行動となり、結果をもたらします。

（例）

「できる想像」→ポジティブなエネルギー→「できた!!現象」

「できない想像」→ネガティブなエネルギー→「できなかった……現象」

《現在》★原因〔思う〕
　　↓
〔言う〕→〔行う〕
《未来》★結果

自分自身の未来に対しては、**自分が望**

むことを想像すれば良いのです。

おそらくそれは、おのずと靈性相応の欲求の顕れとなるでしょう。

思念はエネルギーですから、想像したもの、望んだもののエネルギーの影響を受けてゆく因果ともなります。

浄靈浄化となるような瞑想とは、なるべくより良きエネルギーの想像が望ましいのです。

例：抽象的であれば「光に包まれている自分」「美しい自然に囲まれている自分」「たくさんの笑顔に包まれている自分」……など。

第5章

浄靈浄化の方法 神示浄化など

神示浄化

◆神示音読浄化とは？

◇『大日月地神示 前後巻』（神人 著）をお持ちの方は、音読することをおすすめします。ここでは浄化に関する内容を抜粋しご紹介します。

『大日月地神示 前後巻』をお持ちの方は、前巻から順に後巻を読まれてもいいですし、後巻だけでもいいです。読みたい箇所だけでもいいですし、同じ行やページを繰り返してもいいです。自身に言い聞かせるように、または周囲に愛を持って丁寧に読み聞かせるように、音読されることをおすすめします。

『大日月地神示』～後巻・十五より抜粋～

「日の出の神様、光、浄めの力、頂きなされよ。
良き氣、吸いなされよ。悪しき氣、吸い取って頂きなされよ。

神々様には、守り給え浄め給え導き給え、と何度でも申せよ。
大日月地大神、日の大神、月の大神、地の大神、星の大神、
水の神、火の神、土の神、雨の神、風の神、巌の神、木の神、金の神、人の神、
ありがたいありがたい、奉りて下され。」

『大日月地神示』～後巻・十八より抜粋～
「守護靈団皆々お力添えいたすから、「大日月地大神大靈団御靈、守り給え浄め給え導き給え」とお声掛け下されよ。この靈団、地の祓い浄めいたす役目で参ったから、悪改心させ検挙いたすぞ。」

『大日月地神示』～後巻・三十一より抜粋～
「神示、声出して読みなされ。御魂相応に受け取れますぞ。それぞれに学び、改心いたすぞ。言靈に変えて浄めとなされよ。善も悪も変わるぞ。人の心変われば、世一変いたすのぞ。」

『大日月地神示』～後巻・三十二より抜粋～

うーるーうーるーうー
おーろーおーろーおー
あーらーわーらーわー
えーれーえーれーえー
いーりーいーりーいー
うーるーうーおーーー

あ、い、う、え、お
か、き、く、け、こ
さ、し、す、せ、そ
た、ち、つ、て、と
な、に、ぬ、ね、の
は、ひ、ふ、へ、ほ

ま、み、む、め、も
や、い、ゆ、え、よ
ら、り、る、れ、ろ
わ、ゐ、う、ゑ、を、ん、ぅー
あいうえお祝詞であるぞ。
御魂浄めの言靈でもありますぞ。

『大日月地神示』～後巻・三十九より抜粋～
「縁あり集いた人民よ、胸に正十字〇指で描いて両手当てて、むーうーるーうーーと申し、大日月地大神御靈、祓え給え浄め給え守り給え導き給え、ひーふーみーよーいーー、と何度でも宣りて下されよ。締めの言葉は、うーるーうーおーー、で良いぞ。これ、祓い浄めの言靈でありますぞ。宣りて下されば、我ら靈団顕れて、魔物ら諸々の邪靈祓い浄め連れてゆきますゆえ、人民素直に信じて縋りて下され。我らしか他におらんのでありますぞ。皆々様、悪魔の僕となりて弱み握られ身動きとれんでありますから、真の祓い浄め出来んのでありますぞ。」

『大日月地神示』～後巻・四十六より抜粋～

「神示、読まんでも良い出来た人民、一人もおらんぞ。皆々、心改めねばならんのであるから、声出してお読み下されよ。何度でもお読み下されよ。読めば変わるのぞ。御魂の掃除洗濯になりますのぞ。腹立てども、めげるなれども、後々喜び益々湧き出でて、あっぱれうれしたのし変われますぞ。説教必要ゆえ申しておりますのじゃ。分かりて下されよ。褒めてばかりでは、靈人も人民も変われんから、辛抱してお読み下されよ。憑き物にも読んで聞かせなされよ。」

◆神示浄化とは？

チャクラの上に巻頭ページの「光・浄化」「調和」のマークや次ページのマーク、本書の表紙・裏表紙のマークや、『大日月地神示』の前後巻を当てることでも浄靈効果がございます。以上に「塩」を組み合わせても大変効果がございます。

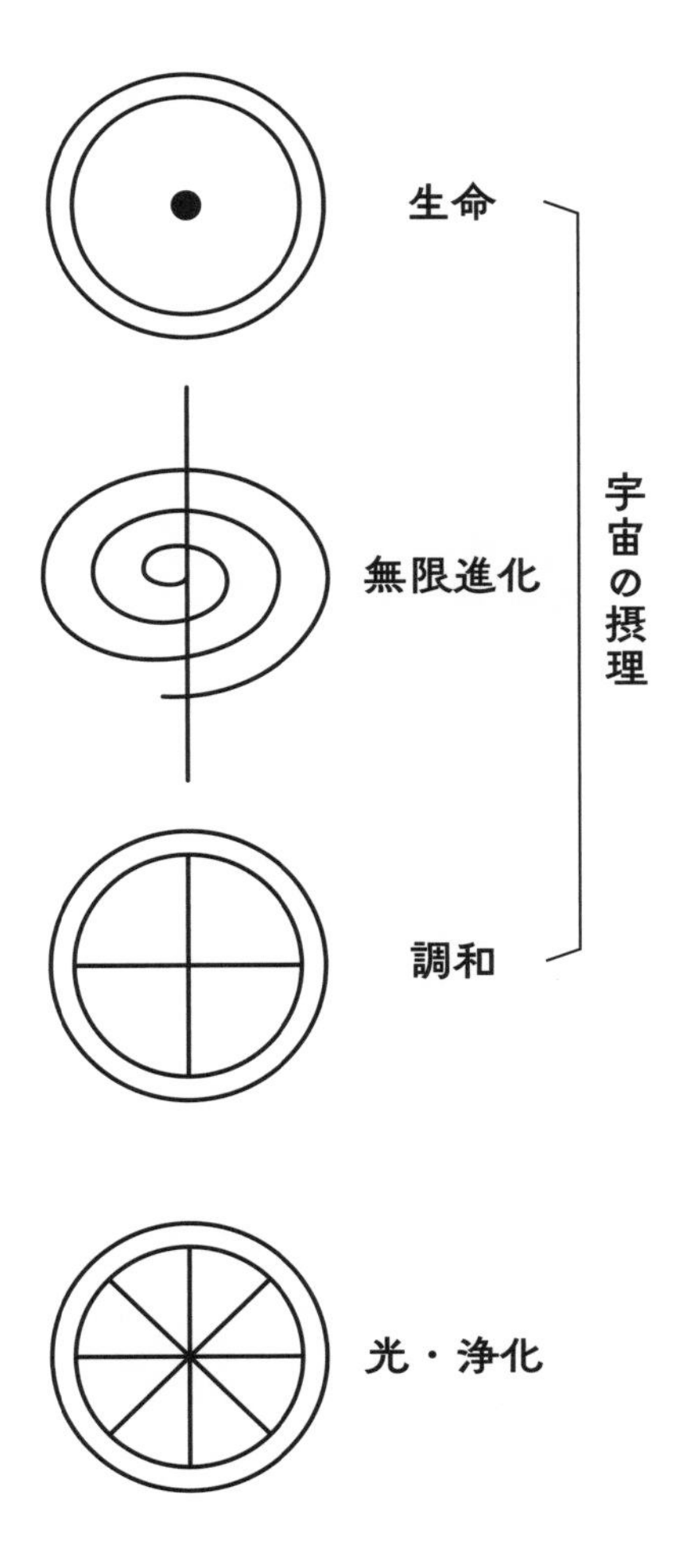
生命
無限進化
調和
光・浄化
宇宙の摂理
© KAMIHITO

〔塩〕＋〔神示〕↓チャクラ

印浄化

◆印（しるし）浄化とは？

◇浄化力のある印（マーク）に意識を向けて、感謝の気持ちを高めること。

巻頭ページの「光・浄化」「調和」のマークや、前ページのマーク、本書の表紙・裏表紙のマーク、また『大日月地神示』の表紙・裏表紙マークも、浄靈浄化に使用できます。

描くことでも良いですし、デザインされたものを身に着ける、見るということでも可能です（※本マークの商業的な二次使用を禁止します。また個人的な使用のみとし、他者に対する浄靈、除靈、宗教的行為等を禁止します）。

しかし、もっとも大切なことは、**印（マーク）の意味を理解し、喜びと感謝の念をもって、その思考に繋がり続けることが求められます。**

印は、あくまでも**浄靈浄化の想念と繋がるためのきっかけにすぎません。**

拝物信仰（偶像崇拝）とならないように気をつけてください。

「身に着けていれば、守られる」→邪教
「見るだけで願いが叶う」→邪教
「祈りを捧げれば幸せになる」→邪教

参拝浄化

◆参拝浄化とは？

◇神社、仏閣、磐座へ参拝すること。

知名度や大きさではなく、**「善き氣が流れている場所」が望ましいです。**

自分にとって心地良く感じられる場所、自分に縁のある場所、自分に合っていると感じられる場所という認識が良いでしょう。

あちこち数多く参拝すれば良い＝ご利益を得られる、ということではありません。参拝する側の心の持ち方がとても大切です。

※感謝の念を深めること。

参拝者の心の在りようや所作すべてが、靈人たちから見られているという認識をお持ちください。ですから、礼節を持って誠心誠意の思考、言動、行動をなされてください。

その場におられる靈団靈人が、それぞれ分相応に靈的対応をされます。

礼節をもって誠心誠意に努める

祈禱浄化

◆祈禱浄化とは？

◇神さま、靈団靈人に感謝の念を手向ける祝詞を奏上すること。

祝詞というのは、靈団と〝おのれ〟との繋がりを高めるための手段であり、祝詞や経、呪文を挙げることによって各靈団を呼び寄せます。

それぞれの靈団には、その靈団特有の言葉がありますから、目的もなくむやみやたらに、経、祝詞、呪文を唱えるのはよくないことです。

※『大日月地神示』をご拝読いただいておられる方のみご参考ください。

「むーうーるーうーおー、大日月地大神御靈」というのは、大日月地大神という靈団を呼ぶ祝詞で、この靈団は、わたしがお世話になっている守護靈団です。

靈団というのはたとえて言うならば、異次元界の企業と一緒で、いろいろな靈団があります。大中小、強い弱い、それぞれに応じて靈的にできることとできないことがあり、現次元界の団体や人とも繋がりをもっています。

そして、それぞれの靈団と繋がるための、言や音があるのです。

靈団靈人と繋がるための「言」と「音」＝祝詞・経・呪文

数ある靈団の中でどれを選ぶかは、皆さま次第ですが、わたしがお世話になっている大日月地大神（おおひっくおおかみ）という靈団は、宇宙・大銀河の企業、宇宙警察のような存在と思って下さい。

「日月地（ひっく）」というのは、太陽系を意味します。

日月地＝太陽、月、地球＝太陽系です。

これに「大」がついて銀河になります。

わたしたちの住む銀河系は天の川銀河です。これに「大神（おおかみ）」をプラスして、さらなる銀河系のネットワークという意味になります。

つまり、大日月地大神御靈は、宇宙にある「大銀河靈団」という意味です。

『大日月地神示』は、大銀河靈団から地球に降ろされた指導書になります。

大日月地大神御靈＝大銀河靈団

最初の「むー、うー、るー、うー、おー」という言葉を声に出して言うことで、靈団と繋がります。電話を掛けているようなイメージです。

そして、「いつもお世話になっております」という念を込めて「大日月地大神御靈、有り難き思い奉ります」と感謝の言葉を設けます。

「大日月地大神御靈、いつもありがとうございます」で、自分の思いを手向けられるならば、それでも構いません。


次に要件を申しあげます。「大日月地大神御靈、祓え給え、浄め給え、守り給え、幸わえ給え」と唱えます。

ここは、「祓え給え、浄め給え」「守り給え、導き給え」「癒し給え、治し給え」それぞれだけでも良いです。

自分の願いを具体的に伝えられればいいのです。

わたしがこれまでに使用してきた標準的な祝詞のひとつは、次のようになります。

「むー、うー、るー、うー、おー、大日月地大神御靈、誠有り難き思い奉ります。大日月地大神御靈、祓え給え、浄め給え、守り給え、幸え給え」

これを3回以上唱えてください。

3回以上で靈団に繋がります。

あとは何回でも、自分の気が済むまで唱えればいいでしょう。

わたしも3回で足りないときは、5回、10回と唱えると、負の念が徐々に抜けて楽になります。自身が楽になったと思えれば終わりです。

終わったなら、「ありがとうございました」という感謝の思いを込めながら、最後に受話器を戻すというイメージで「むー、うー、るー、うー、おー」で終了します。

『大日月地神示』をお読みになられている方はご存じかとは思いますが、御神名（ごしんめい）は他にも別名がございます。

大日月地大神御靈（おおひつくおおかみおんたま）
大宇大神御靈（おおうおおかみおんたま）
大祖大神御靈（おおそおおかみおんたま）

また、「むー、うー、るー、うー、おー」の文言の他にも、「おーーー、うーーー」×3回繰り返し、というのもございます。

各自が心地良いと感じるままに奏上してみてください。その時々において心地良いと感じることが大切です。

文言ですが、「誠有り難き思い奉ります」という言葉が堅苦しく感じられる方は、囚われることなく、「どうもありがとうございます」「感謝申し上げます」でも構いません。

わたしは、朝起きたとき「今日も一日よろしくお願いします」という思いを込めて、夜寝る前に「今日も一日ありがとうございました」という思いを込めて、祝詞を唱えています。

祝詞の奏上の仕方には、決められた仕方でなければならないということは全くありません。それぞれの仕方で構いませんので、各自でご判断なさってください。

他愛浄化

◆他愛浄化とは？

他を愛するということは、他から善き念が返ってくる因果となりやすく、また相手に関与している人・靈人からも好感を持たれ、善き念を受け取ることとなります。

他愛＝浄靈

多くの存在を愛し、
エネルギーの循環を善くする

ということは、**多くの存在を愛すれば愛するほど、より多くの善き念・エネルギーを受け取るようになるということなのです。**

善き念やエネルギーを受け取るということは、他からの念による浄靈（ヒーリング）や除靈（守護）ともなります。

その逆で、他を呪えば、悪しき念・エネルギーが自分に流れてくることとなり、結果的に心身の不調和・不幸となる要因に繋がります。

善行浄化

◆善行浄化とは？

善き行いを選択すれば、自分に関わっている人々や自分チームの霊存在たち（守護霊・指導霊・近親霊・関与霊）に喜ばれ、ご褒美としてより良きサポートをいただけます。

そして、守護霊・指導霊・近親霊との絆をより強める行為ともなります。

また、新たに自分を応援くださる人々や霊団霊人とのご縁をいただくことにも繋がります。

善行＝浄霊

お祭り浄化

◆お祭り浄化とは？

お祭り騒ぎをすることです。親しき人たちと共に、唄い、踊り、笑い、騒ぐことでたくさんの喜び＝良きエネルギーを得られます。

地域のお祭りでも良いですが、好きなアーティストのコンサートや公演に参加したり、定期的に仲間同士でイベントを愉しむことも同様です。

愉しいイベントにたくさん参加されることをお勧めします。

お祭り＝浄霊

浄霊の方程式

◆浄霊浄化の方程式とは？

浄霊浄化の仕方をわかりやすく考えるために、わたしが考案したものになります。

基本的には、**「喜び」と「感謝」と「時間」の結果が、「浄化力」となります。**

「喜び」の種類をα、β、γと表記し、「感謝」の度合い★の数、「時間」の長さを○hで表記しました。

1. （喜びα＋感謝★）×時間○h＝浄化力
2. （喜びα＋喜びβ＋喜びγ＋感謝★★★）×時間＝浄化力

◆喜びαβγとは？

喜びの種類です。肉体の喜び、靈体（心）の喜びにもいろいろな種類があります。

◆感謝★とは？

感謝の質、強さ、大きさ、深さ、広さのことです。

誰に対して、何に対して、どのような感謝の思いをどれくらい手向（たむ）けるのか？ということが、重要となってきます。

肉体に対して、他存在（家族、友人知人、仲間、地域、国、世界、動物、植物、微生物等……）に対して、靈存在に対して、神（日月地（ひつく）、自然森羅万象（しんらばんしょう））に対して……。

◆時間hとは？

喜びと感謝に心身が繫がっている実質時間のことです。

時間が長いほど浄化されることになり、浄化力は強くなります。

心身が病んでいる状態に応じて、浄化力も必要となります。

◆浄霊浄化の方程式の応用

（喜びα＋喜びβ＋喜びγ＋感謝★★★）×時間h＝浄化力

※組み合わせ方はいろいろありますので、状況に応じて使える自分なりの組み合わせ方をいろいろと試してみてください。

また、「喜び」$\alpha\beta\gamma$の3つに留まらず、3つ以上の複数あっても構いません。

◆感謝度

※感謝の度合いや質によっても、浄化力は大きく変化します。

より深く、より広く、より清らかに、感謝しましょう。

感謝★

感謝★★

感謝★★★

感謝★★★★

感謝★★★★★

《組み合わせ方の例》

・（太陽浄化＋運動浄化＋呼吸浄化＋感謝）×1時間
朝陽を浴びながら散歩し、体操しながら深呼吸する。

・（入浴浄化＋身体浄化＋言靈浄化＋感謝）×30分
お風呂に入りながらカラダをマッサージし、カラダとお湯に感謝の言葉伝える。

・（瞑想（めいそう）浄化＋呼吸浄化＋聴覚（ちょうかく）浄化＋感謝）×30分
心地良い瞑想音楽を聴き、呼吸を愉しみながら瞑想する。

・（掃除浄化＋聴覚浄化＋発声浄化＋感謝）×1時間
音楽を聴きながら、一緒に歌い掃除をする。

あなたの喜びと感謝を書き込んでみましょう

A		+		+		+	
B		+		+		+	
C		+		+		+	
D		+		+		+	
E		+		+		+	
F		+		+		+	
G		+		+		+	
H		+		+		+	
I		+		+		+	
J		+		+		+	
K		+		+		+	

上記に時間をかけると、浄化の方程式になります

・（塩浄化＋聴覚浄化＋嗅覚浄化＋感謝）×30分
横になり、自然音を聴きながらアロマを嗅ぎ、塩をチャクラに乗せる。

・（味覚浄化＋想像浄化＋笑い浄化＋感謝）×30分
食材や作り手のことを思い浮かべながら、笑顔で食べる。

・（神示浄化＋言靈浄化＋想像浄化＋感謝）×１時間
『大日月地神示』を音読しながら、素晴らしい未来を想像する。

浄靈による浄化作用

頭痛、腹痛、下痢、嘔吐、咳、眠気、脱力感、体の震え、悪寒などの症状が見られることもあり、デトックス（解毒）状態と判断できることがあります。

導靈とは？

◆導靈（どうれい）浄化とは？

◇靈を導くこと。
◇靈存在に対するカウンセリング。

同情し理解した上で、善き方向へと導きます。場合によっては、厳（きび）しい説教をすることも必要となります。靈と対話できなくても、ある程度までは誰でもできます。

人は誰でも、察する能力＝靈的感覚＝靈感があります。

例えば、誰かに見られている感覚や、すぐそばに誰かがいる感覚など、直観（ちょっかん）やインスピレーション、予感とは違う、目には見えない電磁波や電波等を感じ取るような能力です。

ですから、気になる場所（気配を感じる場所）で、一方的に声をかけるという作業になります。それは、ひとり言を言い、まるでひとり芝居をしているかのようなものになります。靈人には、あなたの意思がすべて伝わっているという前提です。

導靈＝話しかける

導靈の仕方

◆死んでいることを理解してもらう

死んだばかりの人の靈や、死に方によっては自分が死んだことを理解していない靈も多いものですので、まずは死んでいることを理解しているかを尋（たず）ねます。

「あなたは自分が死んでいることを理解しておられますか？」

あなたは
自分が死んでいることを
理解していますか？

どなたか
会いたい人は
いませんか？

どこか
行きたい場所は
ありませんか？

私は死んだのか…

死を受け入れる

◆死後の世界について教える

・会いたい人に瞬時に会うことが可能であることを伝えましょう。

※家族や友人知人の所へ行き、挨拶（あいさつ）して回ることを促します。

「どなたか会いたい人はいませんか？」

・愛する人の側（そば）にいることも可能です。

※但（ただ）し相手も望まれる場合に限ります。

「双方が望まれるのであれば、愛する人の側にずっといることもできます」

・霊界では行きたい所や過去へと「瞬時に行くことが可能である」ことを伝えま

しょう。

※瞬間移動できることを霊人が何度も経験すれば、おのずと死を受け入れます。
「どこか行ってみたい場所はありませんか？」

「行ってみたい過去はありませんか？」
・生まれ変わることができることを伝える。

※故人が望めば、すぐにでも転生することが可能です。
「人はまた生まれ変わり、愛する人たちとまた一緒に暮らすこともできます」

◆理解する

※死者の悲しみや辛さを察し、寄り添ってあげる。
「お辛（つら）い思いをなされましたね。お気の毒でした。何もしてはあげられませんが、どうか苦しみの念を手放し、喜びの世界へと意識を向けられ進まれてください」

※太陽、月、星など光を想像しながらも誘導しましょう。

「光のほうへと向かって進まれてくださ い。喜びの世界へと繋がってゆきます」

「光の先は、生まれ変わるための靈界です。新たな人生を望まれてください」

◆優しく諭す

※なかなか変わろうとしない靈に対しては、優しく指導します。

「誰もがみな学び成長するために生まれ、経験するものですよ」

「すべてはあなたにとって、必要な学び

としてあったのですよ」

「自分の都合で、生きている人に迷惑をかけてはなりませんよ」

「みんなそれぞれの生活がありますから、邪魔してはいけませんよ」

◆厳しく叱る

※迷惑をかけるような靈に対しては、厳しく叱ることも指導として大切です。
「不法侵入するな！　いい加減に出てゆきなさい！」

「死んでからも人に迷惑をかけるものではない！」

「辛い苦しいのはお前ばかりではない！」

「お前はすでに邪靈と化している！　いい加減に止めろ！」

除靈浄化とは？

◆除靈浄化とは？

◇靈を除去すること。

◇強制排除。靈界110番。

自分が信頼する靈団靈人に救済を依頼し、対象となる**悪しき靈を連れて行ってもらうことです**。

普段から信仰し、靈団靈人との靈縁を深めておく必要性があります。

昔から言われているように「困った時の神頼み」では、祝詞、経、呪文のいずれも作用しないものです。この世での人間関係の構築と同じです。

除霊の仕方

『大日月地神示』の読者であれば、以下の祝詞が有効です。

「おーーーうーーー、おーーーうーーー、おーーーうーーー。
大宇大神御霊
祓え給え、浄め給え、守り給え、導き給え」

を繰り返し奏上します。

除霊が終了しましたら、御礼を申し上げます。

「この度は御守護下さり誠に有り難き思い奉ります。
何卒これよりも守り給え、幸え給えとお願い申しあげます。
おーーーうーーー、おーーーうーーー、おーーーうーーー」

第6章

地球の浄化

みんなで地球を浄化しましょう

地球に感謝の思いを日々届けましょう。

「地球神さま」「地球さん」「地の大神さま」「母なる地球」いずれの言い方でも構いません。

愛と感謝の言葉と念を送りましょう。

未来の地球とは？

地球はこれからどんどん良くなってゆきます。

宇宙にはエネルギーの異なる季節があると想像した場合、わたしたちが暮らす天の川銀河（アルシオーネ）は、ようやく長い冬の時代（ネガティブな勢力が強い暗黒

期）が終わり、春の時代（ポジティブな勢力が強くなってゆくデトックス期）へと入ってきました。いわば宇宙規模の浄靈浄化の時代を迎えているのです。

ですから、地球も春から夏へ、そして夏から秋へと向かってこれからますます素晴らしい時代を迎えてゆきます。

わたしたちは素晴らしい未来を育むことができる！

現代人に一番欠けているものは「**未来をイメージする力＝想像力＝創造力**」です。未来というのは本来、自分でつくりだすことができるものですが、なかなかつくりだせません。また未来は本来、喜びでなければならないのですが、なかなかそう感じられません。

なぜならば、わたしたちは様々なマインドコントロールによって、自分にとって喜びになるものを想像する力を、欠如させられてしまっているからです。

つまり、**「未来を生みだす力」を奪われているということです。**

これが、この国の苦しみの根本原因だと思います。


このマインドコントロールを解くにはどうすればいいか？

それは、世の中の人々の意識を変えればいいのです。

意識が変われば、世の中すべてが変わります。


「思う、言う、行う」は三点セットですが、「何のためにそれをやっているかわからない」という人の行動には、喜びが伴いません。それではただのロボットです。

つまり、「自分の未来は、幸せな未来だ」と思えるように、**まず自分が未来を思い描いて、それを言葉に変えて、言って、それに見合う行動をしていかなければ、幸せ**

な未来は生みだせません。

なぜなら未来は、すべて自分の意識がもとになって現れているからです。

こうした教育をわたしたちはきちんと受けていません。だから、「将来何になりたいか？」という大切な質問を、小学生のときに一回ぐらいしかされません。

質問されないから、未来のつくり方を深く考えずに成長します。

もしこのとき、「何になってもいい」「何を望んでもいい」ときちんと教わっていれば、「こんな夢みたいなことを思うなんて恥ずかしい」とはならないはずです。

それどころか、ここに経済的な観念(かんねん)が入り込んで、「それだと将来食べていけないよ」などという茶々が入ります。

これがこの国の、この時代の悪です。本当は何を選んでも、その人にとってそれが喜びになるならば、それで正解であるべきなのです。

どのような生き方を望んでも、それがすべて肯定されるような世の中にならなければ、それは嘘の世の中です。

神の世界は、すべてが喜びの状態にある世界です。

すべてが自分のやりたいようにやれる、それが許される。

そこに悪は存在しません。

もし悪があるとするならば、それは行動や存在が認められていないから、苦しくて悪さをするのであって、認められれば悪さをする必要もありません。

戦争をする必要もありません。

このことを教育されていないから、正しい価値観が育たないのです。

体の部位に序列があるでしょうか？

世界を見渡して、アメリカやロシア、中国が上、途上国が下であるという序列はおかしくありませんか？

これが正しくてあちらが悪いという価値観はないはずです。

地球人全体で、「序列はない」ということが正しく教育されなければ、世の中は変わりません。善とは、物事の序列も良い悪いもないことです。

いわば当たり前のことですが、これがきれいごとになってしまっていて、当たり前でなくなってしまっている。

だからわたしは、この社会全体を覆っている「誤った価値観」を浄霊浄化していかなければならないと考えています。

突き詰めていくと、わたしの目的はここにあります。

皆さん一人ひとりが自身を浄化をして、洗脳やマインドコントロールを解くことができれば、きっと幸せな世の中になるでしょう。

「地球愛祭り」は地球浄化の第一歩！

「地球愛祭り」とは、母なる地球に対して、「地球に感謝！　ありがとう！」という言葉に込めて、365日分の感謝の思いをみんなで贈るチャリティーイベントです。

神人（かみひと）が発起人（ほっきにん）となり、2007年より京都にて毎年開催されてきました。

その後は2023年までに、全国各地（京都、東京、愛知、神奈川、静岡、栃木、岐阜、大阪、奈良、和歌山、岡山、鳥取、島根、福岡、沖縄〈宮古〉）にて、各地実行委員会によって開催されてきました。

「地球愛祭り」の主旨は、以下の大きく分けて三つです。

◇地球を愛しむこと。

◇地球に生きる生命体を愛しむこと。

◇地球に生きていることを愛しむこと。

◆地球を愛しむこととは？

・自然に対する感謝の思いを育むこと。

・自然環境を大切にする生き方を選択すること。

汚染しない！　破壊しない！　略奪しない！

・地球は、生命体の母である。

地球は生命体の母である

・肉体は、地球の成分で作られている。

わたしたちは地球の子である

・地球は、人間の所有地、資源ではない。

地球＝星に暮らす生命体の共用地

◆地球に生きる生命体を愛しむこと

・人、動物、植物、微生物の命を貴ぶこと＝共生意識を高めること。

すべての生命体には大切な役割がある

・生態系を破壊しない生き方。

すべては繋がっており、いずれも必要不可欠な存在である

・生命体の種を優劣で考えるのではなく、生態系という肉体に属する器官・細胞と捉え、それぞれの存在意義を理解し大切にしましょう。

・命、喜びの分かち合い。

衣食住の平等分配、他生命体との共存共栄

◆地球に生きていることを愛しむこと。

・肉体を大切にすること。

=肉体は地球の分身であり、地球で学ぶために貸していただいている生命体。

・他のために自分を生かすこと。

=他と愛（いつく）しみ合いながら生きましょう。

・生きていることを喜ぶこと。

=学ぶ、育む、繋がる、表現する……。

わたしたちができる地球の浄化とは？

世界中の人々が喜ぶ仕組みを与えましょう！

◆必要なものは残し、不必要なものは無くしましょう。

・有害なものは「作らない」「売らない」「買わない」「認めない」。

有害なるものに汚染された世の中を改善するためには、「有害か無害か？」を正しく見極めた上で、正しい真の教えを伝え広めなければなりません。

教育の改善　自他愛　共存共栄　無害化

［地球の無害化］

◇みんなが共生できる新たな社会システムにしましょう。

・世界中の人々が共に生きられる世界。
・世界各国の貨幣価値を同等にする。
・虚偽(きょぎ)を払拭(ふっしょく)し真実を共用しましょう（情報の浄化）。
・世界中で育み平等分配する社会システム。
・「競争意識」を払拭し「共生意識」への意識改革。

競争社会から共生社会へ

「分けあう」「助けあう」が当たり前の社会が来る！
だから大丈夫！

〔競争社会〕↓〔共生社会〕

◇**共生教育を広げてゆきましょう。**

・みんなのために自分を生かすボランティア教育。

・みんなを愛しみ、みんなに愛しまれる無償の愛の世界。

〔無償奉仕の世界〕

おわりに

この度は最後までお読みくださり、どうもありがとうございました。

書籍を通じてご縁をいただけましたことに感謝申し上げます。

心身共に健康であることが、いかに有難いことであり、当たり前ではないか……。

そのことを悟るのは、多かれ少なかれ怪我や病気という苦痛を経験してからではないでしょうか。

当たり前は当たり前ではない。実はとても幸せなことであった……。


わたしも数々の苦痛を経験し、深い反省と感謝の念に至った者の一人です。

わたしの場合はありがたいことに、何十年もの間、極度の靈媒体質を通じ、世間一般的には理解し難い靈的な苦しさや面白さ、喜びを学ばせていただきました。

その奇想天外な旅は、時空を超えたＳＦ映画のようであり、非常にスリリングで予測不能なものなのですが、どうやらこれから先もまだまだ続きそうなのでとても楽しみです。

しかし、昔と比べて大きく変わってきた点は、霊症に対する対応の仕方を経験から学んできたことにより、早く適切に対処できるようになってきているということです。自身の体質を深く理解するように努めることで、予防や対処できるようになり、それに伴って生きてゆく上での不安や恐れも軽減されてゆき、逆にこの体質を「誰かのために活かせること」の喜びさえ得られているということです。

経験してきているからこそ言えることがある。それは何よりも自身の経験値という財産であり、また与えられた役目として感じる生きる喜びであるとも言えます。

わたしにとって本書は、ひとりの霊媒体質者として、これまで経験してきた苦悩の数十年間を絞り出して綴った、いわばミックスジュースのような一冊です。

同じような靈感者であれば、お役に立てる内容が必ずあると思います。

ですから、ぜひ実用書としてお使いください。

まだまだ他にもより良い方法があるかとは思いますが、現時点で足りていない点につきましては、これからまたいろいろ経験させていただきながら、改めていつかまた補足できましたらと思います。


最後に、もし勝手気ままに妄想させていただくことを許されるならば、すべての人々の心身の健康と幸せに、本書が少しでも貢献できましたら、自称シャーマン（靈媒師）冥利につきるしだいです。

本書とご縁がありました皆様のご健康とご多幸を切に願っております。

説明が足りていない点や不快な思いをさせるような点もあったかとは思いますが、どうか温かいお気持ちで、笑ってお許しいただければ幸いに存じます。

みなみなうれしうれしたのしたのしかわるかわるありがたいありがたい。
おーーーうーーー、おーーーうーーー、おーーーうーーー。

神人（かみひと） 拝

神人（かみひと）
1969年1月20日、青森県八戸市生まれ県内育ち。京都市在住。シャーマン、ミュージシャン、講師。神人（かみひと）とは、神に感謝しながら生きる人の意。神とは生命を育む宇宙銀河・日月星・地球・自然森羅万象。チャリティーイベント「地球愛祭り」発起人。
幼少期から数多くの神靈体験を重ね、1998年より色々な異次元存在たちとの対話が始まって以来、人生が一変。2004年より、浄靈・浄化の言靈と音靈で織り成す「祈り唄」「祭り唄」を中心とするシャーマニックなライブ活動を全国各地で行うとともに、異次元存在たちから教わってきた話を元に、「宇宙・地球・神・靈・人・生・死・靈性進化」などをテーマに、真実を伝えるための講演活動を続けている。
著書に『大日月地神示【前巻】』『大日月地神示【後巻】』『一陽来福』『しあわせ手帳』（ともに新泉社）、『みたまとの対話』（野草社）がある。

ホームページ　http://kamihito.net

※本マークの商業的な二次使用を禁止します。
また個人的な使用のみとし、他者に対する浄靈、除靈、宗教的行為等を禁止します。

じぶんでできる浄化の本

第1刷　2023年9月30日
第10刷　2024年2月27日

著　者　神人
発行者　小宮英行
発行所　株式会社徳間書店
〒141-8202　東京都品川区上大崎3-1-1
目黒セントラルスクエア
電話　編集（03）5403-4344／販売（049）293-5521
振替　00140-0-44392

印刷・製本　大日本印刷株式会社

本書の無断複写は著作権法上での例外を除き禁じられています。
購入者以外の第三者による本書のいかなる電子複製も一切認められておりません。
乱丁・落丁はお取り替えいたします。
©2023 Kamihito, Printed in Japan
ISBN978-4-19-865689-8